SPASS AM NÄHEN

# Nähen

## Grundlagen 2

Otto Maier Ravensburg

PURE SILK

# Inhalt

Die Deutsche Bibliothek – CIP-Einheitsaufnahme
**Nähen – Grundlagen 2** /
[Übers. aus dem Engl.: Angelika Steinacker.
Red. Bearb. der dt.-sprachigen Ausg.: Katharina Buss;
Angelika Steinacker]. – Ravensburg: Maier, 1994.
(Spass am Nähen)
ISBN 3-473-42431-5 / NE: Buss, Katharina [Red.];

Übersetzung aus dem Englischen: Angelika Steinacker
Redaktionelle Bearbeitung der deutschsprachigen
Ausgabe: Katharina Buss, Angelika Steinacker

Umschlaggestaltung: Ekkehard Drechsel BDG
Satz: Fotosatz Ruderer, Grünkraut
Gesamtherstellung: Himmer, Augsburg
Printed in Germany

97 96 95 94 4 3 2 1

ISBN 3-473-42431-5

Nm 100/3

# Zur Einführung

Dieser zweite Grundlagen-Band wendet sich vor allem an diejenigen, die inzwischen das kleine Einmaleins des Nähens gut genug beherrschen, um auch etwas kniffligere Arbeiten in Angriff nehmen zu können. Dabei zu helfen, ist Sinn und Aufgabe dieses Buches.

Wenngleich also mit dem vorliegenden Band nicht die absolute Anfängerin angesprochen wird, so heißt das andererseits keineswegs, daß er nur für erfahrene Hobbyschneiderinnen gedacht ist. Denn alles, was notwendig ist, um dieses Buch als hilfreiches und wertvolles Nachschlagewerk in die Näharbeit einzubeziehen, ist etwas allgemeine Näherfahrung.

Die Grundlagen des Nähens und Schneiderns zu erlernen, ist sicher nicht schwer, die Perfektionierung der einzelnen Nähtechniken erfordert jedoch eine ganze Menge Routine und Erfahrung, verbunden mit der Bereitschaft, immer wieder umzudenken, neue Wege zu gehen und bereits erprobte Methoden und Erfahrungen in effektivere, professionellere und kreativere Techniken umzusetzen. Denn ungeachtet aller erworbenen Fertigkeiten und Routine – es kommen immer wieder neue Stoffe und Zutaten, neue Schnitte, Nähmaschinen und Hilfsmittel auf den Markt, die unter Umständen ganz neue Möglichkeiten eröffnen.

Um Ihnen zu möglichst raschen Erfolgen zu verhelfen, haben wir den vorliegenden Band in drei Hauptkapitel unterteilt, die Ihnen die wichtigsten Kriterien an die Hand geben, um Materialien und Nähtechniken richtig auswählen zu können, bestimmte Arbeitsgänge abzukürzen und zu vereinfachen und Ihrer Kleidung durch kreative Detailverarbeitung eine individuelle Note zu verleihen. Anhand vieler Schritt-für-Schritt-Bildfolgen und Detailfotos zeigen wir Ihnen ganz genau, wie's gemacht wird. Und damit alle Details auch wirklich ganz deutlich und unmißverständlich zu erkennen sind, wurden hin und wieder kontrastfarbene oder besonders dicke Garne verwendet.

Wie auch bei den anderen Bänden dieser Reihe, beziehen sich die Anleitungen nie auf komplette Nähprojekte, sondern immer nur auf einzelne Verarbeitungstechniken, die Sie aber bei jedem dafür geeigneten handelsüblichen Schnittmuster anwenden können. Mit den hier gezeigten Techniken können Sie sich oftmals die Arbeit vereinfachen, viel Zeit sparen und trotzdem professionellere Ergebnisse erreichen.

## Wege zu Qualität und persönlichem Stil

Im ersten Kapitel stellen wir Ihnen eine Auswahl verschiedener Stoffe, Einlagen und Zutaten vor und sagen Ihnen, worauf Sie bei der Auswahl achten müssen. Und weil uns die Erfinder der Bügeleinlage nun einmal eine ebenso praktische wie zeitsparende und materialfreundliche Verarbeitungsmethode an die Hand gegeben haben, wurden diese fast ausnahmslos auch bei unseren Beispielen verwendet. Wenn Sie sich mit den unterschiedlichen Qualitäten und ihren Anwendungsbereichen vertraut machen, werden Sie sehr schnell Übung darin bekommen, die richtige Einlage für Ihr Projekt auszuwählen.

Genauso wichtig wie rasche Fortschritte im nähtechnischen Bereich ist ein gutes Auge für die richtige Paßform. Auch das ist mehr oder weniger eine Frage der Erfahrung, wobei jedoch der unterschiedliche Charakter der einzelnen Stoffe und der nicht unerhebliche Einfluß modischer Trends diesen Lernprozeß nicht gerade erleichtern.

## Lernen von den Profis

Die vereinfachten Verarbeitungsmethoden und die Rationalisierung des Arbeitsablaufs, so wie sie von den Professionellen der Schneiderzunft praktiziert werden, sind zwei Grundthemen, die sich wie ein roter Faden durch dieses Buch ziehen. Die vorgestellten Techniken beispielsweise zur Verarbeitung von Kragen, Manschetten oder Ärmeln sind das Ergebnis solcher an uns weitergegebenen Anregungen und Erfahrungen der Experten. Einige dieser Methoden sind vielleicht nur zeitsparende, andere aber eindeutig auch bessere und den Möglichkeiten unserer heutigen Zeit angemessenere Alternativen zu herkömmlichen Arbeitsweisen. Sie beweisen, daß sich qualitativ hochwertige Ergebnisse oft auch ohne komplizierte und heutzutage teilweise überflüssige Arbeitsgänge erreichen lassen.

## Kreative Detailverarbeitung

Schön gearbeitete Details sind kleine attraktive Extras, mit denen Sie jedes Kleidungsstück aufwerten können, sei es durch eine spezielle Naht- und Kantenverarbeitung, einen zarten Spitzeneinsatz oder einen farblich perfekt auf die Farben des Kleidungsstücks abgestimmten Flechtgürtel.

Das Schöne daran: der geringe Arbeitsaufwand. Denn bis auf wenige unerläßliche Ausnahmen haben wir die sonst übliche, zeitraubende Handarbeit der Maschine überlassen. Trotzdem möchten wir unsere Beispiele lediglich als Anregungen verstanden wissen und es Ihnen anheimstellen, eigene Ideen zu entwickeln und Ihrer Kleidung genau jene individuelle Note zu verleihen, die Ihnen auch das teuerste Stück aus der exklusivsten Boutique nicht bieten kann.

Kurz gesagt: Dieses Buch will Ihnen helfen, sich mit neuen Ideen vertraut zu machen und die Ergebnisse zu erzielen, die Sie sich für jedes einzelne Ihrer Projekte erhoffen. Neuerworbene Fähigkeiten stärken das Vertrauen in das eigene Können, und mit diesem Vertrauen wächst auch der Mut, selbstgeschaffene Dinge durch den eigenen Stil zu prägen.

# Kleine Materialkunde

**Leichte Stoffe** wie Crêpe de Chine (**1**), Charmeuse (**2**) oder Seidentaft (**3**) lassen sich hervorragend drapieren. Jacquards (**4**) sind ideal für nicht allzu strenge Schnitte. Baumwolle (**5**), Cambric (**6**), Batist (**7**) und Leinen (**8**) sind klassische Hemdenstoffe. Bei Jersey (**9**) sind die Maschen rechts als feine Längsrippen zu sehen. Chaly (**10**) ist ein feiner, musselineähnlicher Kleiderstoff.

# Stoffe

Je öfter Sie nähen, desto schneller bekommen Sie ein Gespür für die Auswahl des richtigen Stoffes. Aber bevor Sie einen Stoff verarbeiten, dessen Eigenschaften Sie noch nicht kennen, sollten Sie alle für das betreffende Projekt in Frage kommenden Nähtechniken anhand von Stoffresten eingehend ausprobieren.

Stoffe unterscheiden sich nicht nur im Hinblick auf Fasergehalt, Web- oder Strickart und Oberflächenstruktur oder modische Aspekte wie Farbe und Musterung. Genauso wichtig ist die Griffigkeit, d. h. wie sich ein Stoff anfühlt, wie er sich drapieren läßt, ob er leicht knittert oder ausfranst, eher weich oder fest ist, sich schnell verzieht oder in sich stabil ist.

Bevor Sie einen Stoff kaufen, sollten Sie ihn über Ihrer Schulter drapieren und die Wirkung vor einem bodenlangen Spiegel überprüfen. Lassen Sie sich zu Anfang von den Illustrationen und Stoffempfehlungen Ihres Schnittmusters leiten. Wenn Sie erst einige Erfahrungen gesammelt haben, werden Sie ganz schnell wissen, wie Sie welche Stoffe einsetzen können, um solche Vorschläge zu Ihrem eigenen, unverwechselbaren Stil abzuwandeln.

Angesichts des beträchtlichen Aufwands an Zeit und Arbeit, den Sie in Ihre Projekte investieren, macht sich die vergleichsweise geringe Mehrausgabe für einen guten Stoff in jedem Fall bezahlt. Eine Stoffqualität, die für hochwertige und entsprechend teure Konfektionskleidung verwendet wird, ist auch für die anspruchsvollere Hobbyschneiderin gerade gut genug.

Charakter und Eigenschaften eines Stoffes werden vor allem durch seinen Fasergehalt bestimmt. Ausschließlich oder überwiegend aus Naturfasern hergestellte Stoffe lassen sich in der Regel sehr gut verarbeiten. Stoffe aus synthetischen Fasern wiederum haben oft eine ähnliche Optik wie die Naturfaserstoffe, sind dazu aber meist auch noch knitterarm und pflegeleicht.

Ein wichtiges Qualitätsmerkmal ist die Webstruktur. Halten Sie den Stoff gegen das Licht und prüfen Sie, ob er fein und gleichmäßig verwebt ist und Längs- und Querfadenlauf einen rechten Winkel bilden. Bei Strickstoffen sollten die Maschen genau senkrecht verlaufen und sich nicht zu den Kanten hin verziehen.

Prüfen Sie jeden Stoff sehr genau, bevor Sie ihn kaufen. Liegt er im Ballen gefaltet, achten Sie auf den Bruch. Hat sich hier schon Farbe abgerieben, sollten Sie den Stoff lieber liegenlassen. Mangelhaft eingefärbte Stoffe können Sie u. a. an den Webkanten erkennen. Beeinflußt wird die Farbfestigkeit allerdings auch durch den Fasergehalt. Baumwolle, Wolle und Polyacryl nehmen Farbe besser an als reines Leinen. Auch Seide läßt sich gut einfärben, „blutet“ aber beim Waschen leicht aus und verblaßt dann sehr schnell.

**Mittelschwere Stoffe** wie Wollflanell (**1**), Fischgrät-Tweed (**2**), Seide-Leinen-Gewebe (**3**), Rohseide (**4**), Seiden-Kammgarn (**5**), Homespun (**6**), doppelflächige Strickstoffe (**7**) und leinenbindige Stoffe (**8**) eignen sich vor allem für klassische Jacken, Röcke und Kostüme, während sich festere Stoffe wie Gabardine (**9**) oder Popeline (**10**) für schlichte, strenge Schnitte anbieten.

**Schwere und dicke Stoffe** wie Harris-Tweed (**1**), gebürsteter Mohair (**2**) und Grobleinen (**3**) sollten möglichst schlicht verarbeitet werden. Als erste Wahl für Jacken und Mäntel gelten Wollflausch (**4**), Vliesstoffe (**5**), Kamelhaar (**6**) und Breitcord (**7**). Diese Stoffe lassen sich auch ohne Futter und Einlage zu Capes oder weiten Mänteln verarbeiten.

1
2
3
4
5
6
13
7
15

# Spezialstoffe

Einige dieser speziellen Stoffe lassen sich erstaunlicherweise fast leichter verarbeiten als viele sogenannte „normale", andere dagegen verlangen etwas mehr Umsicht oder auch den einen oder anderen zusätzlichen Schritt bei der Verarbeitung.

**Strichstoffe** wie Cord **(1)** oder Samt **(2)** haben eine weiche, flauschige, manchmal ausgesprochen haarige Oberfläche. Wenn Sie Ihre Hand leicht darübergleiten lassen, werden Sie feststellen, daß sich der Stoff in der einen Richtung glatter anfühlt als in der anderen. Dann streichen Sie „mit dem Strich". Das ist die Richtung, in der sich die Härchen des Flors flachlegen. Manche Stoffe ändern mit der Strichrichtung auch ihre Farbe, zeigen „gegen den Strich" einen dunkleren, satteren Ton und werden „mit dem Strich" matter, bekommen dafür aber oft einen seidigen Schimmer. Strichstoffe dürfen nur in einer Richtung zugeschnitten werden und haben deshalb einen höheren Verbrauch.

**Glänzende Stoffe** wie Brokat **(3)**, Stoffe mit Metallicfäden **(4)**, Satin **(5)**, Damast **(6)** und Seide **(7)** werden wegen unterschiedlicher Farbschattierungen ebenfalls nur in einer Richtung zugeschnitten. Viele Glanzstoffe sind zudem wasser- und hitzeempfindlich und dürfen nur mit einem trockenen Eisen und niedriger Temperatur gebügelt werden. Machen Sie daher vorsichtshalber immer zuerst eine Bügelprobe auf einem Stoffrest und schützen Sie den Stoff mit einem Bügeltuch.

**Sehr feine, durchsichtige Stoffe** wie Voile **(8)**, Chiffon **(9)**, Spitze **(10)** oder Gaze **(11)** brauchen schmale, sorgfältig versäuberte Nähte, die von rechts kaum zu sehen sind. Zum Nähen solcher Stoffe sollten Sie nur allerfeinstes Garn und sehr dünne Nadeln mit absolut einwandfreier Spitze verwenden.

**Modestoffe** mit ausgeprägter Oberflächenstruktur, Maschen- oder Musterrichtung werden wie Strichstoffe zugeschnitten. Steppstoff **(12)** hat zwei oft verschiedenfarbige oder unterschiedlich gemusterte rechte Seiten und ist, mit Kappnähten und eingefaßten Kanten verarbeitet, das ideale Material für jede Art von Wendebekleidung. Strickstoffe, ob feiner Jersey **(13)** oder dicke, stark strukturierte Pulloverware **(14)**, verlangen dünne, nicht auftragende Nähte. Sie lassen sich am besten mit einer Overlock-Maschine verarbeiten. Für beide Stoffe gibt es auch passende Bündchenware zur Versäuberung der Kanten. Für Leder **(15)** und Kunstleder **(16)**, bei denen die Nähte ebenfalls möglichst flach gehalten werden sollten, bieten sich überlappende Nähte an, da diese Materialien nicht ausfransen. Um vor allem bei den schwereren Qualitäten Verdickungen an den Saumkanten zu vermeiden, können Sie diese entweder mit einem Stoffbesatz versäubern oder auch einfach nur sorgfältig begradigen und absteppen.

1
2
3
4
5
6
7
8
9
10
12

# Knöpfe

Modeknöpfe werden oft aus Kunststoff hergestellt, wie etwa leuchtend bunt eingefärbte Knöpfe (**1**), Phantasieknöpfe (**2**) und mehrfarbige Knöpfe (**3**). Knöpfe für festliche Kleidung sind oft mit Straß oder Edelsteinimitationen (**4**) besetzt, manchmal aber auch ausgesprochen schlicht, wie diese perlenartigen, teils mit Gold eingefaßten Knöpfe (**5**).

Zu den klassischen Knöpfen aus Naturmaterialien gehören die von Fluß- oder Meeresmuscheln stammenden, rohweißen oder blaßgrauen, manchmal auch vielfarbig schillernden Perlmutterknöpfe (**6** und **7**). Sie sind optisch neutral und daher vielseitig verwendbar. Knöpfe aus Horn (**8**), Leder (**9**), Holz (**10**) oder Glas (**11**) hingegen bestechen durch ihre charakteristische Farbe und Struktur. Geprägte Blazerknöpfe in Gold und Silber (**12**) sind auch als Fertigpacks mit zwei Größen erhältlich. Die größeren Knöpfe sind für den Vorderverschluß, die kleineren für die Ärmelschlitze bestimmt. Bronze- und kupferfarbene Metallknöpfe (**13**) werden vor allem für Freizeitkleidung verwendet.

## Tips zur Auswahl von Knöpfen

Knöpfe sollten Sie genauso sorgfältig auswählen wie den Schmuck, den Sie später zu dem betreffenden Kleidungsstück tragen. Für unauffällige Verschlüsse sind schlichte, sorgfältig auf die Farbe des Stoffes abgestimmte Knöpfe genau das richtige. Duftige, feminine Kleider und Blusen verlangen feine, leichte Knöpfe, streng formale Jacken und Kostüme dagegen einfache, funktionelle Formen.

**Größe:** Wenn Sie keine Knöpfe in der im Schnittmuster angegebenen Größe finden, können Sie notfalls um bis zu 3 mm größere nehmen und Größe und Abstände der Knopflöcher entsprechend abändern.

**Form:** Als Faustregel gilt: Je mehr Knöpfe vorgesehen sind, desto schlichter sollte deren Form sein. Ausgefallene Dekorknöpfe sollten als optische „Glanzlichter" sparsam verwendet werden.

**Gewicht:** Das Gewicht der Knöpfe sollte, vor allem bei leichteren Stoffen, dem des Stoffes entsprechen. Bei dicken, kräftig strukturierten Stoffen dagegen ist das tatsächliche Gewicht nicht so wichtig, solange der optische Eindruck von Gewichtigkeit und Schwere stimmt.

**Pflegeeigenschaften:** Die meisten Knöpfe sind wasch-, reinigungs- und bügelfest. Aber eben nicht alle. So lassen sich Holzknöpfe nicht waschen, da Holz im Wasser aufquillt, und Glasknöpfe können springen, wenn Sie mit dem heißen Bügeleisen in Berührung kommen. Mit Straß oder „Edelsteinen" besetzte Knöpfe sollten Sie vor einer Reinigung immer abtrennen.

# Zierbesätze

Gekaufte Besätze, richtig ausgewählt und geschickt eingesetzt, vermitteln häufig den Eindruck aufwendiger Detailverarbeitung und sind dabei doch ganz schnell aufgenäht. Mit einem Emblem **(1)** auf der Tasche wird ein einfacher Blazer im Handumdrehen zur „echten" Clubjacke. Und fertige, oft wie handgestickt wirkende Applikationen in Form von Tier- **(2)** oder Sportmotiven **(3)** sind witzige Akzente für Kinder- und Freizeitkleidung.

Während sich Applikationen auch nachträglich noch anbringen lassen, sind Satin- **(4)**, Stickerei- **(5)**, Samt- **(6)**, Rips- **(7)** und Flechtbänder **(8)** sowie schmale Soutachebänder **(9)** leichter aufzunähen, wenn die Teile noch offen liegen. Auch Posamenten **(10)**, Zierpaspeln **(11)**, Kordeln **(12)** und Hohlsaumborten **(13)** werden meist gleich mit in die Nähte gefaßt.

Spitzenbesätze gibt es in vielen Variationen. Leiterspitze **(14)** mit Durchzugsöffnungen für Samt- oder Seidenbänder und Galonspitze **(15)** mit beidseitigen Bogenkanten werden ebenso wie Spitzenmedaillons **(16)** flach aufgenäht. Einseitige Bogenspitze **(17)** und Rüschenspitze **(18)** können entweder in die Naht gefaßt oder unter Kanten und Säume gesteppt werden.

Glitzernde Besätze verleihen auch dem schlichtesten Kleid festlichen Glanz. Es gibt sie mit schimmernden Perlen **(19)** und Pailletten **(20)**, mit Gold- oder Silberfäden durchwirkt **(21)** oder mit Straß besetzt **(22)**. Lederpaspeln **(23)** und geflochtene Lederbänder **(24)** sorgen für sportliche Effekte. Wer über genügend Zeit und handwerklichen Ehrgeiz verfügt, kann Perlen **(25)** und Pailletten **(26)** auch lose kaufen und nach eigenem Geschmack mit der Hand aufnähen, es gibt sie aber auch als Fertigborten **(27)**. Der Inbegriff des Luxus schlechthin sind edle Pelzbesätze **(28)** und kostbare Federn **(29)**.

## Tips zur Auswahl von Besätzen

**Farbkontraste:** Nur Mut! Je nach Art und Stil des Kleidungsstücks kann ein reizvoller Kontrast zwischen Stoff und Besatz aufregender und wirkungsvoller sein als die perfekteste farbliche Übereinstimmung.

**Gewicht:** Lassen Sie sich von dem scheinbar leichten Gewicht vieler Besätze nicht täuschen. Schnell kommen da einige Meter zusammen, unter deren Gewicht die natürliche Drapierfähigkeit eines Stoffes buchstäblich zusammenbrechen kann. So sind perlen-, straß- oder paillettenbesetzte Bänder für dünne Stoffe meist zu schwer. Wer dennoch nicht darauf verzichten will, sollte solche Besätze äußerst sparsam einsetzen und den Stoff an diesen Stellen mit Einlage verstärken.

**Auswahl:** Schöne Besätze finden Sie übrigens nicht nur in Kurzwarenläden. Auch Einrichtungshäuser können sich als wahre Fundgruben erweisen. Viele der oft aufwendig und phantasievoll verarbeiteten Dekorationsbesätze lassen sich hervorragend mit dickeren, kräftig strukturierten Stoffen kombinieren.

**Einsatz:** Besätze sollen die harmonischen Proportionen eines Kleidungsstücks effektvoll unterstreichen, ohne daß es überladen wirkt. Daher sollten sie sorgfältig auf den Stoff abgestimmt und möglichst nicht isoliert eingesetzt, sondern an anderer Stelle wiederholt werden, zum Beispiel Saumbesätze auch auf Kragen und Manschetten.

**Pflegeeigenschaften:** Die Besätze sollten die gleichen Pflegeeigenschaften haben wie der Stoff, mit dem sie verarbeitet werden. Während Dekorationsbesätze fast immer gereinigt werden müssen, lassen sich andere Besätze meist auch waschen. Nur bei Besätzen mit Perlen, Straß oder Pailletten sollten Sie sich noch vor dem Kauf nach deren Pflegeansprüchen erkundigen.

# Einlagen

Einlagen dienen dazu, ein Kleidungsstück zu formen und zu stützen oder weiche Stoffe zu versteifen. Während normalerweise nur bestimmte Details verstärkt werden (Kragen, Manschetten, Taillenbündchen usw.), können Sie vor allem bei klassisch geschnittenen Jacken oft auch ganze Vorderteile und Ärmel sowie Schlitz- und Taschenkanten unterlegen.

Die meisten Schnittmuster enthalten recht genaue Angaben darüber, wo welche Art von Einlage angebracht werden sollte. Es steht Ihnen natürlich frei, zusätzlich auch andere Teile Ihres Kleidungsstücks zu verstärken, sei es, um den Charakter des Stoffes besser zur Geltung zu bringen, den Stil des Kleidungsstücks zu betonen oder um Ihr handwerkliches Können unter Beweis zu stellen. So lassen sich beispielsweise durch geschickten Einsatz unterschiedlicher Einlagequalitäten ausgesprochen „professionelle" Effekte erzielen.

Einlagen gibt es zum Einnähen oder Aufbügeln. Bügeleinlage ist einseitig mit einem hitzeempfindlichen Klebstoff beschichtet, der sich beim Aufbügeln fest mit dem Oberstoff verbindet. Sie ist zwar sehr praktisch, aber leider nicht für alle Stoffe geeignet, so daß Sie in bestimmten Fällen nicht umhinkommen werden, auf die klassischen Näheinlagen zurückzugreifen.

## Bügeleinlagen

**Transparente Nichtwebeinlage** wird vor allem für zarte, halbdurchsichtige Stoffe verwendet. Sie ist in gutsortierten Geschäften sogar farbig erhältlich, läßt sich daher perfekt auf Farbe und Muster des Stoffes abstimmen und bleibt von rechts fast unsichtbar.

**Gewirkte Jerseyeinlage,** leider noch nicht überall erhältlich, läßt sich auch für Webstoffe verwenden. Vor allem, wenn es darum geht, dem betreffenden Teil lediglich etwas mehr Halt zu geben oder die Knitteranfälligkeit des Stoffes zu mildern, ohne dabei jedoch seine Drapiereigenschaften zu beeinträchtigen.

**In Querrichtung dehnbare Einlage** sorgt für eine weiche, natürliche Formgebung bei leichten bis mittelschweren Stoffen. Da sie nur in Querrichtung dehnbar ist, sollte sie zur Verstärkung von Details im Längsfadenlauf zugeschnitten werden, als sanfte Stütze für große Teile dagegen immer im Querfadenlauf.

**Gewebte Bügeleinlage** hat genau wie jeder andere Stoff einen Längs- und einen Querfadenlauf und wird zur Versteifung normalerweise im gleichen Fadenlauf wie der Oberstoff, für eine sanftere Formgebung dagegen schräg zugeschnitten.

**Nichtgewebte Stretcheinlage** ist nach allen Richtungen dehnbar und kann ohne Rücksicht auf den Fadenlauf zugeschnitten werden. Sie ist in verschiedenen Stärken erhältlich und wird vorzugsweise für Strickstoffe verwendet, die auch nach Aufbringen der Einlage ihre Dehnbarkeit behalten.

**Roßhaareinlage** ist eine aufbügelbare Webeinlage für mittlere bis schwere Stoffe. Das sehr feste, stabile Roßhaar gehört zu den traditionellen Einlagematerialien und wird vor allem für klassisch geschneiderte Jacken und Mäntel verwendet.

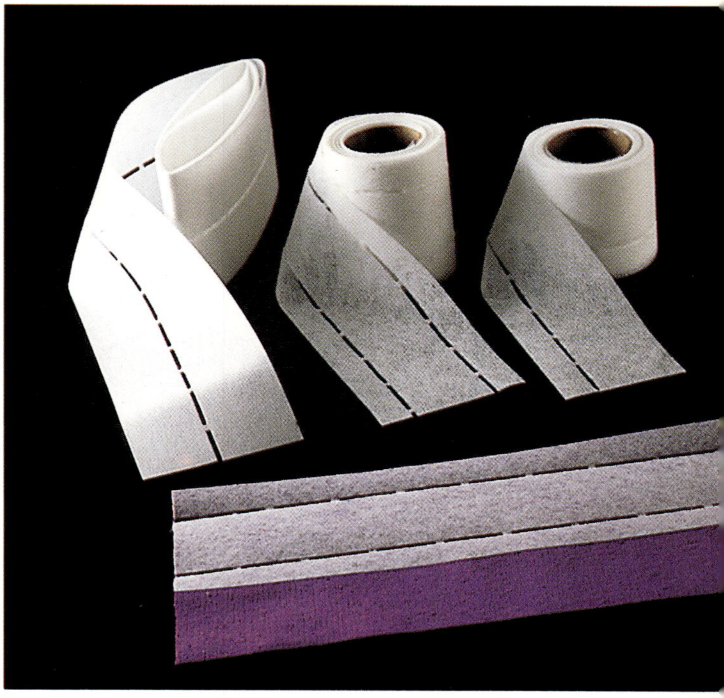

**Mit Bund- und Kanteneinlagen** lassen sich gerade geschnittene Teile wie Taillenbünde, Manschetten oder Verschlußkanten zeitsparend verstärken. Vorgestanzte Falz- und Nahtlinien sorgen dafür, daß diese Einlagen an Kanten und Nähten kaum auftragen.

# Die Verwendung von Bügeleinlagen

Die einzig wirklich sichere Methode, um herauszufinden, wie sich eine Einlage in Verbindung mit einem bestimmten Stoff verhält, ist der Test auf einem Stoffrest. Zu diesem Zweck sollten Sie immer ein Grundsortiment der wichtigsten Einlage-Qualitäten zur Hand haben, damit Sie sie nacheinander ausprobieren können.

Alle Bügeleinlagen werden nach dem Aufbügeln fester, und viele farbige Einlagen dunkeln nach. Wie solche Veränderungen das Ergebnis beeinflussen, läßt sich nur durch einen Versuch feststellen.

Prüfen Sie auch die Haftbeständigkeit der Einlage. Korrekt aufgebügelte Einlage wirkt wie mit dem Gewebe verschmolzen und zeigt weder Blasen noch lose Stellen. Die Kanten dürfen sich nicht mehr abziehen lassen, und zwischen Einlage und Oberstoff sollten keine Klebstoffspuren zu sehen sein. Wenn sich solche Fehler nicht durch Nachbügeln beheben lassen, müssen Sie die Einlage mit viel Dampf ablösen und durch ein neues Stück ersetzen.

## Tips zum Kauf von Bügeleinlagen

**Bügelanleitung:** Lesen Sie die Anleitung des Herstellers genau durch. Sie finden sie entweder auf dem Balletiketikett oder auf dem Verpackungsumschlag, oft mit zusätzlichen, wenn auch meist sehr allgemein gehaltenen Hinweisen auf geeignete Stoffe und Wirkungsweise. Anhand solcher Informationen können Sie zumindest eine gewisse Vorauswahl treffen. Für klassische Mäntel, Jakken und Kostüme beispielsweise gibt es extrafeste Einlagen, für hitzeempfindliche Stoffe spezielle Einlagen mit niedrigem Schmelzpunkt und für Strickstoffe dehnbare Einlagen, die mit dem Stoff nachgeben.

**Wahl der richtigen Einlage:** Wählen Sie die Einlage nach dem Gewicht des Oberstoffs. Sie darf fester, aber auf keinen Fall schwerer sein. Denken Sie auch daran, daß Stoff und Einlage nach dem Aufbügeln ohnehin immer etwas schwerer wirken als vorher. Entscheidend ist auch, ob die zu verstärkenden Teile oder Bereiche weich geformt werden sollen, wie etwa die Verschlußkanten einer Seidenbluse, oder ob, wie bei Hemdkragen oder Manschetten, eine gewisse Festigkeit erwünscht ist. Während durch weiche Einlage der Stoff lediglich mehr Form erhält, wird er durch feste Qualitäten immer mehr oder weniger stark versteift.

**Farbe der Einlage:** Legen Sie Ihren Stoff über die Einlage, denn nur so können Sie prüfen, ob sie farblich zum Stoff paßt. Neben den traditionellen Farben Weiß, Schwarz, Grau und Beige gibt es mittlerweile auch Einlagen in kräftigeren Farben. Achten Sie darauf, daß die farbige Einlage nicht durchschimmert oder die Farben des Oberstoffs verfälscht!

1) **Beim Aufbügeln** der Einlage unbedingt die Anweisungen des Herstellers beachten, denn Bügelzeit, Temperatur, Feuchtigkeit und Andruck können je nach Fabrikat und Qualität erheblich variieren.

2) **Die Stoffreste** sollten mindestens 15 x 15 cm groß sein, die entsprechenden Einlagestücke etwa 5 cm kleiner. Um eine Vergleichsmöglichkeit zu haben, sollten immer mehrere Qualitäten getestet werden.

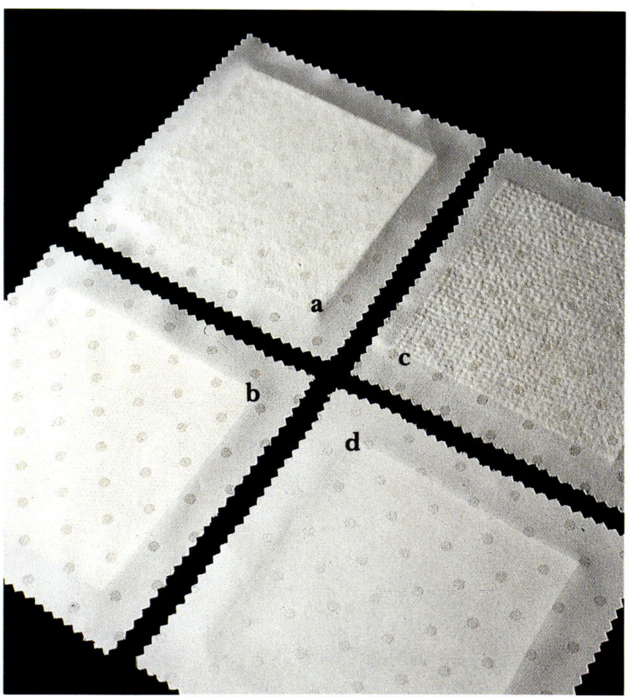


3) **Die Musterstücke** erst vollständig auskühlen lassen, dann wenden und prüfen, ob die Einlage sich als harte Fläche oder Kante abzeichnet **(a)**, die Stoffarbe verändert **(b)** oder der Stoff durch Hitze und/oder Feuchtigkeit beschädigt wurde **(c)**. In allen diesen Fällen ist die Einlage – anders als beim Muster **(d)** gezeigt – für den betreffenden Stoff nicht geeignet.

4) **Zur Überprüfung** der unterschiedlichen Effekte die verstärkten Teile neben ein nicht verstärktes Stoffstück **(a)** legen. Bei Muster **(b)** ist die Einlage für den Stoff zu weich, er fühlt sich schlapp an. Muster **(c)** zeigt ein ausgewogenes Verhältnis zwischen Stoff und Einlage. Bei Muster **(d)** wiederum ist die Einlage für den Stoff viel zu fest, was Aussehen und Tragekomfort des Kleidungsstücks erheblich beeinträchtigen würde.

Moderne
Nähtechniken

# Die Garderobe richtig zusammenstellen

Mit Hilfe der hier vorgestellten Nähtechniken können Sie sich auch an ehrgeizigere Projekte mit aufwendigeren Details und kniffligerer Formgebung wagen. Und wenn Sie gelernt haben, verschiedene Arten von Kragen, Ärmeln und Taschen zu nähen, können Sie auch Ihre Garderobe vielseitiger gestalten. Je mehr Techniken Sie beherrschen, desto sorgfältiger werden Sie jedes einzelne Nähprojekt planen, um alle Teile Ihrer Garderobe möglichst geschickt aufeinander abzustimmen.

Werfen Sie also rechtzeitig vor Beginn jeder Saison einen Blick in Ihren Kleiderschrank und stellen Sie fest, was ersetzt oder ergänzt werden sollte. Gehen Sie auf die Suche nach Schnitten und Stoffen, die zu dem bereits Vorhandenen passen.

Ausgewählte Einzelstücke, geschickt kombiniert, ergeben auch bei bescheidenerem Budget eine wandlungsfähige Garderobe für fast alle Gelegenheiten. Beim Zusammenstellen der entsprechenden Grundgarderobe empfiehlt es sich, die wichtigsten Bestandteile wie Jacken, Hosen oder Röcke in neutralen, harmonisch aufeinander abgestimmten Farben zu halten und durch gemusterte Blusen, Tops, usw zu ergänzen. Zusammen mit schönen Gürteln, Schmuckstükken und anderen Accessoires können Sie dann jedes Ensemble nach Lust und Laune variieren.

Planen Sie rechtzeitig! Sie werden mit Sicherheit mehr Spaß am Nähen haben (und weniger Fehler machen), wenn nicht alles möglichst schnell fertig sein muß. Nehmen Sie sich die Zeit, sich ausgiebig umzusehen, die richtigen Stoffe und schöne Zutaten einzukaufen, Ihre Nähmaschine sorgfältig zu reinigen und zu ölen und sich dann in aller Ruhe ans Werk zu machen.

Nachstehend noch ein paar grundsätzliche Tips, wie Sie das beste aus Ihrer Garderobe machen können:

**Wahl des Modells:** Geben Sie klassischen Modellen den Vorzug vor kurzlebigen Modetrends. Letztere wirken im Augenblick neu und aufregend, eignen sich aber bestenfalls dazu, ältere Stücke, an denen man sich schon etwas übergesehen hat, noch einmal modisch aufzumöbeln. Klassiker wie Cardigan, Hemdbluse, Blazer oder Bundfaltenhose haben bisher noch alle Modeströmungen überlebt, während modische Gags meist ebenso schnell wieder verschwinden, wie sie aufgetaucht sind.

**Stoffauswahl:** Nähen Sie klassische Modelle vorzugsweise aus klassischen Stoffen: Leinen, Seide, Tweed, Gabardine, Crêpe de Chine, Jersey, Cord, Baumwolle u. ä. garantieren dauerhaften Tragekomfort und zeitlose Eleganz. Zugegeben, solche Stoffe sind nicht ganz billig, aber die Ausgabe lohnt sich, denn Sie werden jahrelang Freude daran haben.

**Stoffeinkauf:** Nehmen Sie zum Stoffkauf möglichst viele Stoffproben Ihrer bereits vorhandenen Garderobe mit. Nur wenige besitzen ein wirklich verläßliches Farbgedächtnis, und mit solchen Mustern lassen sich ärgerliche Fehlkäufe auf einfache Weise vermeiden. Um ganz sicherzugehen, sollten Sie farbliche Zusammenstellungen immer auch bei Tageslicht überprüfen und sich jeden Stoff sowohl aus der Nähe als auch aus einiger Entfernung ansehen. Manche Stoffhersteller bieten auch geschlossene Sortimente einfarbiger und unterschiedlich gemusterter Stoffe an, die farblich genau aufeinander abgestimmt sind.

# Die Paßform

Wer selber näht, hat die Möglichkeit, relativ preiswert zu maßgeschneiderter Kleidung zu kommen. Perfekt sitzende Kleidung paßt sich sanft den Körperformen an, ohne zu beulen oder zu spannen, und gewährt dabei volle Bewegungsfreiheit, ohne die Nähte über Gebühr zu strapazieren. Die Ärmel haben die richtige Länge, in der Taille bleibt gerade noch ein wenig Spiel, und alle Falten fallen schnurgerade zum Saum hinunter.

Die wichtigste Ausgangsbasis für eine gute Paßform ist die richtige Schnittgröße. Sie können sich von Anfang an eine Menge Arbeit und Ärger ersparen, wenn Sie diese Größe grundsätzlich nur nach Ihren eigenen Maßen, wie die Körpergröße, Oberweite, Taille, Hüfte und rückwärtiger Taillenlänge, wählen.

Bei der Paßform spielen natürlich auch wechselnde Modetrends eine wichtige Rolle. Wurde eben noch Hautenges favorisiert, ist morgen vielleicht schon wieder formlos verhüllende Weite gefragt. Unabhängig davon aber enthalten zum Beispiel Schnitte für Jacken, Westen und Mäntel alle erforderlichen Weitenzugaben, damit diese auch über der entsprechenden „Unter"kleidung noch bequem sitzen und den Träger nicht behindern.

Beeinflußt wird die Paßform nicht zuletzt auch durch die Wahl des Stoffes. So läßt sich ein Modell aus weichem Jersey naturgemäß sehr viel leichter anpassen als eines aus steifem Taft, selbst wenn beide nach ein und demselben Schnitt genäht wurden. Bei Schnitten, die ausdrücklich als „nur für dehnbare Stoffe geeignet" gekennzeichnet sind, ist die Elastizität dieser Stoffe Voraussetzung für die Paßform des betreffenden Kleidungsstücks. Wenn Sie sich an solche Stoffempfehlungen halten, gehen Sie größeren Problemen von vornherein aus dem Weg.

## Das Anpassen während der Verarbeitung

Während Längenänderungen unbedingt am Schnitt selbst vorgenommen werden sollten, lassen sich andere Korrekturen ohne weiteres auch noch während der Verarbeitung ausführen. Nach dem Heften der Teilungs- und Schulternähte wird das Kleidungsstück erstmals anprobiert. Zu diesem Zeitpunkt läßt sich die Weite noch problemlos durch Einhalten oder Auslassen der Nähte korrigieren.

Aber auch während der weiteren Verarbeitung sollten Sie den Sitz immer wieder kontrollieren, spätestens jedoch nach Einheften des ersten Ärmels. Vergewissern Sie sich, daß die Weite der Armkugel gleichmäßig verteilt ist, und überprüfen Sie noch einmal die Länge des Ärmels. Ist alles in Ordnung, können Sie sicher sein, daß auch der zweite Ärmel korrekt sitzen wird.

### Tips zum Anpassen während der Verarbeitung

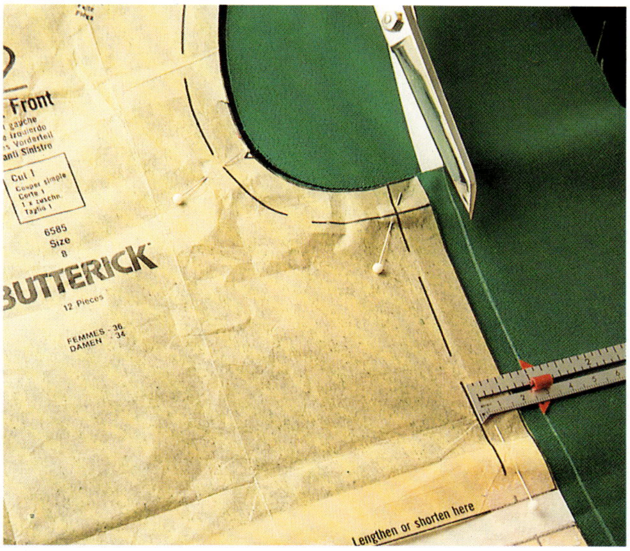


**Den Seitennähten** sicherheitshalber 2,5 cm breite Nahtzugaben anschneiden; so kann die Weite rundherum notfalls um bis zu 5 cm ausgelassen werden. Wird die Extra-Zugabe nicht gebraucht, wird sie nach der Anprobe auf normale Breite zurückgeschnitten.

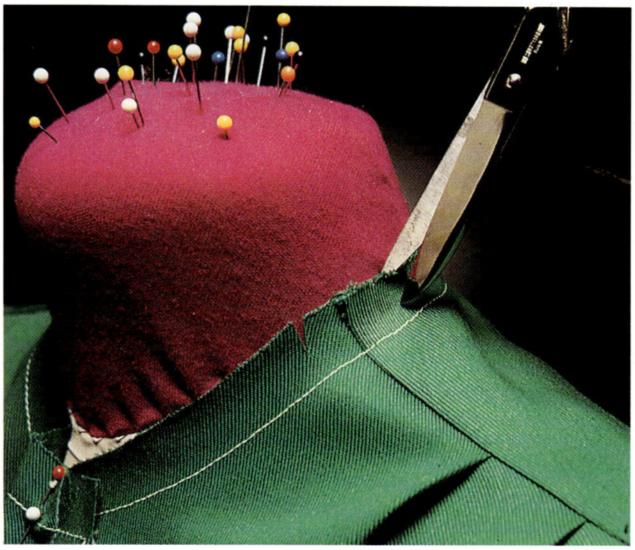

**An Hals- und Armausschnittkanten** knapp außerhalb der Nahtlinie eine Stütznaht steppen. Das Kleidungsstück mit der rechten Seite nach außen anprobieren. Die Nahtzugabe ringsherum bis zu 5 mm von der Nahtlinie entfernt einschneiden, bis diese glatt anliegt.

**Alle Änderungen** von rechts mit Stecknadeln abstecken oder bei empfindlichen Stoffen mit Heftfäden markieren.

**Mit Kreide oder Markierstift** auf der Innenseite entlang der so entstandenen Brüche die neuen Nahtlinien einzeichnen.

# Die Paßform richtig beurteilen

Mit der Paßform können Sie es eigentlich gar nicht genau genug nehmen. Sicher, das wiederholte Anprobieren und Anpassen während der Verarbeitung kostet Zeit, aber es lohnt sich. Schließlich hängen Aussehen und Tragekomfort davon ab, wie sorgfältig Sie in diesem Punkt gearbeitet haben. Ändern Sie deshalb jede Kleinigkeit so lange, bis Sie mit dem Ergebnis auch bei kritischer Betrachtung wirklich zufrieden sind.

Es ist nicht immer ganz einfach, die problematischen Punkte auch zu erkennen, schon deshalb, weil wir im Spiegel sehr oft nur das sehen, was wir auch sehen wollen. Und sich selbst von hinten zu betrachten, ist normalerweise nur mit erheblichen Körperverrenkungen zu bewerkstelligen, was wiederum kaum mit der geforderten natürlichen Körperhaltung in Einklang zu bringen sein dürfte. Wenn Sie also keinen mehrteiligen Spiegel besitzen, sollten Sie unbedingt jemanden bitten, Ihnen bei der Anprobe zu helfen.

Anhand der auf diesen beiden Seiten vorgestellten Kriterien sollte es Ihnen mit kritischem Blick (und später dann auch mit geübtem Auge) möglich sein, die Schwachpunkte zu erkennen und zu beheben. Stellen Sie sich locker und aufrecht vor den Spiegel und prüfen Sie Ihre Nähte: Senkrechte Nähte sollten schnurgerade zum Saum hinunter laufen, waagerechte genau parallel zum Fußboden. Schauen Sie genau hin, ob sich nicht irgendwo heimlich doch ein paar winzige Fältchen eingeschlichen haben.

Vergessen Sie nicht, daß Sie sich in dem guten Stück später ja auch bewegen wollen. Und beim Gehen, Sitzen, Bücken und Strecken stellt sich dann vielleicht heraus, daß es an der einen oder anderen Stelle doch nicht ganz so perfekt paßt, wie es vor dem Spiegel den Anschein hatte. Gut sitzende Kleidung zeichnet sich dadurch aus, daß sie jede Bewegung mitmacht und in Ruhestellung zu ihrer ursprünglichen Paßform zurückkehrt.

**Armausschnittnähte** für klassische, leicht eingehalten eingesetzte Ärmel sollten ohne sichtbare Fältchen oder Kräusel glatt und flach aufliegen und nirgends spannen oder einengen. Sonst müssen die Nähte aufgetrennt und Armkugeln nach vorn oder hinten gedreht werden. Wenn ein Armausschnitt zu eng ist und der Stoff im Rückenteil „zieht“, muß die Naht aufgetrennt und die Nahtzugabe des Rückenteils (nicht die des Ärmels!) etwas ausgelassen werden.

**Schulternähte** sollten bei eingesetzten Ärmeln genau bis zum Armansatz reichen. Bei Raglan- und Kimonoärmeln oder angeschnittenen Ärmeln sollten Formnähte oder Abnäher möglichst genau dem Verlauf der Schulterlinie folgen. Überbreite Schultern müssen durch Schulterpolster „in Form“ gebracht werden. Die Nähte „überrissener“ Schultern reichen bis auf den Oberarm, ihre Höhe können Sie an der Schultermarkierung Ihres Schnittes erkennen.

**Brustformnähte** sollten genau über der stärksten Stelle der Brust verlaufen, Abnäher etwa 1,3–2,5 cm vor den Brustspitzen auslaufen. Bei Hemdblusenmodellen sollte ein Knopfloch in Höhe der Brustlinie, die anderen darunter bzw. darüber verteilt gearbeitet werden.

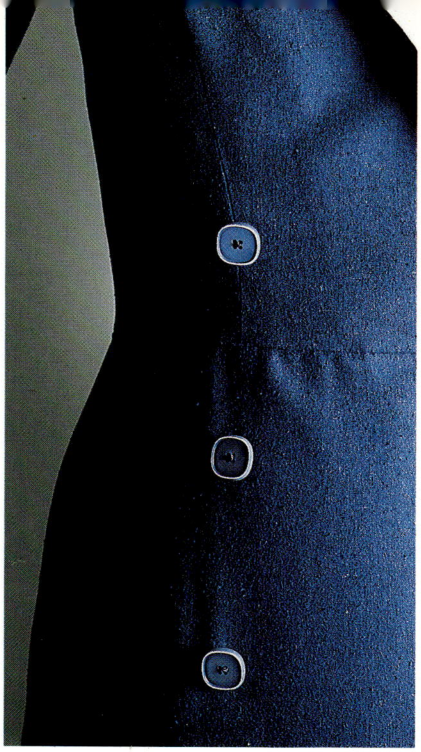

**Taillenlinie**, Gürtel oder Formnähte sollten genau über der natürlichen Taille verlaufen. Taillenbündchen von Röcken und Hosen haben genug Spiel (etwa 1,3–2,5 cm), wenn sich der Daumen noch bequem zwischen Bund und Taille schieben läßt.

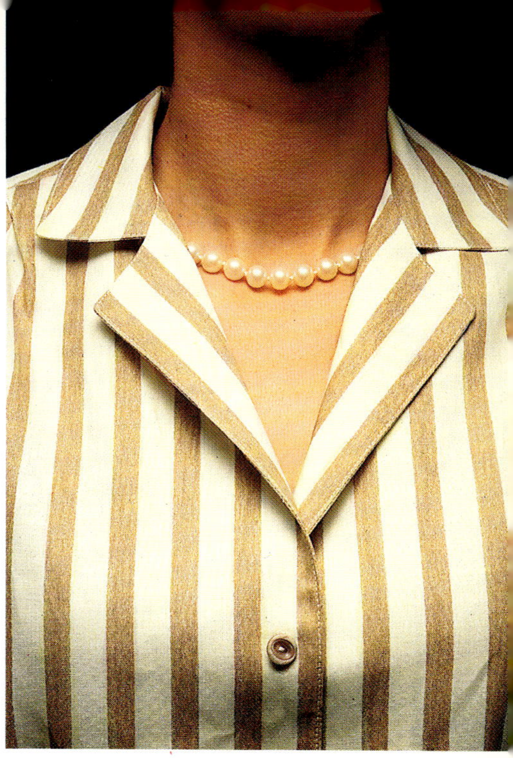

**Halsausschnitt** und Kragenansatznaht sollten auf dem Schlüsselbein aufliegen. Wenn der Ausschnitt absteht, ist der Halsausschnitt zu weit. Wenn er dagegen „zieht“ bzw. Fältchen wirft, ist er zu klein und – für Ihren Körperbau – zu hoch angesetzt, muß also vertieft werden.

**Lange Ärmel**, ob mit Manschetten oder nur gesäumt, sollten bei leicht angewinkeltem Ellbogen genau bis zum Handgelenk reichen. Weite, gekräuselte Ärmel sollten schön blusig fallen. Gerade Ärmel haben am Ellbogen oft Abnäher oder Einhaltenähte. Achten Sie darauf, daß solche Formnähte genau plaziert sind.

**Seitennähte** sollten senkrecht von der Unterarmnaht zum Saum verlaufen. Ziehen sie sich nach vorn, braucht das Vorderteil mehr Weite für den Bauch. Ziehen sie sich zum Rückenteil, braucht der Po mehr Platz. Um die Hüften herum sollte das Kleidungsstück je nach Modell etwa 5–10 cm Spiel haben.

**Der Saum** sollte die für Ihre Größe und Figur günstigste Länge haben (vor dem Spiegel ausprobieren) und rundherum in genau demselben Abstand zum Fußboden, auf keinen Fall aber genau in Höhe der stärksten Stelle der Waden verlaufen.

# Einen Schnitt variieren

Durch Ändern oder Hinzufügen bestimmter Details können Sie auch aus einem ganz einfachen Grundschnitt etwas Besonderes machen. Einige bei Konfektionskleidung häufig verwendete Details lassen sich zudem ganz leicht nacharbeiten, so zum Beispiel Biesen oder angeschnittene Verschlußblenden.

## Biesen

Am einfachsten ist es, wenn Sie zunächst die Biesen in den Stoff nähen und erst danach die Teile korrekt zuschneiden. Dazu sollten Sie sich die Lage der Biesen vorher auf dem Papierschnitt einzeichnen. Breite und

Abstand sind zwar mehr oder weniger eine Frage des persönlichen Geschmacks, doch regelmäßige Biesen von etwa 1,3 cm Breite und in etwa 1,3 cm Abstand sehen eigentlich immer gut aus. Sie können ein Teil durchgehend fälteln oder auch mit einigen wenigen Biesen dekorative Akzente setzen.

Vergessen Sie aber bitte nicht, daß Sie für die Biesen je nach Anzahl und Breite mehr Stoff benötigen und die Stoffstücke für die zu verzierenden Teile entsprechend groß zuschneiden müssen.

Biesen sollten immer im geraden Fadenlauf gesteppt werden. Das gilt auch für Schrägbiesen. In diesem Fall wird der Fadenlaufpfeil des Schnitteils auf die echte Schräge gelegt (S. 106).

Sie müssen nicht unbedingt alle Nahtlinien einzeichnen. Einfacher und genauer läßt es sich arbeiten, wenn nur die Brüche markiert und mit Hilfe der Markierungslinien auf der Stichplatte, eines Kantenlineals oder eines Klebestreifens abgesteppt werden.

## Angeschnittene Verschlußblenden

Angeschnittene Verschlußblenden sind auf den ersten Blick von echten (angesetzten) Blenden kaum zu unterscheiden, lassen sich aber sehr viel einfacher arbeiten. Bei der auf Seite 33 vorgestellten Methode wird die Blende samt Besatz und „Einlage"teil in einem Stück an das Vorderteil angeschnitten.

Dazu brauchen Sie allerdings einen Schnitt, bei dem der Kragen zumindest bis an die vordere Kante reicht. Dann können Sie nämlich die obere Blendenkante zur Versäuberung mit in die Kragenansatznaht fassen.

Zur Bestimmung der Blendenbreite wird auf dem Papierschnitt der Abstand zwischen der vorderen Mitte und der Bruch- oder Nahtlinie des Kantenbesatzes ausgemessen und das Ergebnis mit 2 multipliziert.

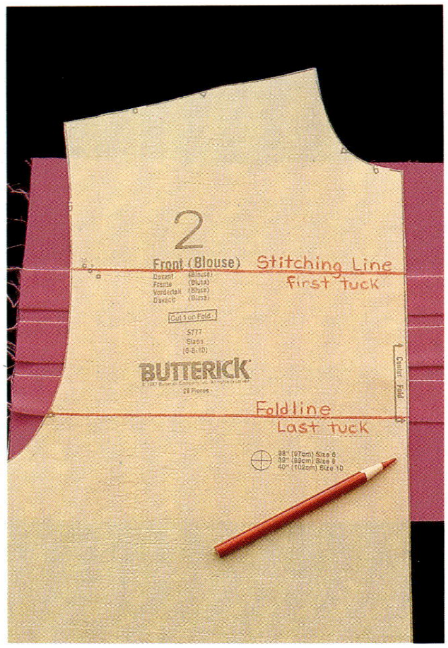


**1) Anzahl, Breite und Abstand** der Biesen festlegen und auf einem Stoffrest probesteppen. Dann auf dem Schnitteil annähernd die Lage der Nahtlinie der ersten und die Bruchlinie der letzten Biese einzeichnen.

**2) Zur Berechnung** des zusätzlichen Stoffbedarfs die doppelte Breite einer Biese mit deren Anzahl multiplizieren. Dann den Stoff für das Schnitteil zuzüglich aller Biesenzugaben zuschneiden.

**3) Den Abstand** zwischen der oberen Kante des Schnitteils und der Nahtlinie der ersten Biese ausmessen und mit Kreide auf den Stoff übertragen. Dann im Abstand einer Biesenbreite dazu die erste Bruchlinie markieren.

**4) Die erste Nahtlinie** an beiden Enden durch kurze Einschnitte markieren. Die übrigen Bruchlinien in doppelter Biesenbreite zuzüglich des Biesenabstands markieren und mit der Spitze des Bügeleisens einbügeln.

**5) Eine Hilfsmarkierung** auf der Nähgutauflage der Nähmaschine anbringen. Nun die Bruchkanten der Biesen entlang dieser Hilfslinie in gleichmäßigen Abständen mit kleiner Sticheinstellung absteppen.

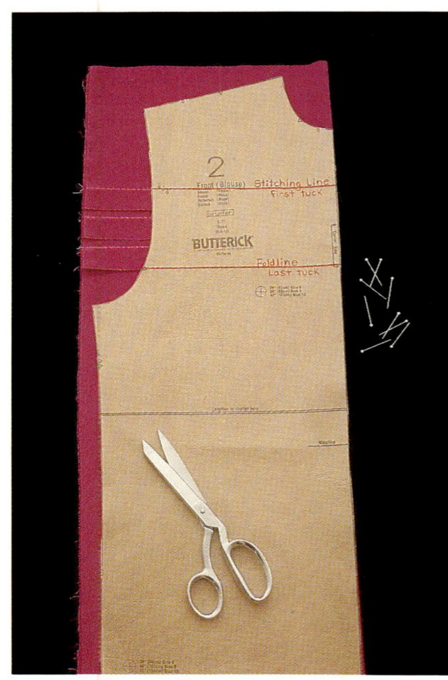

**6) Die Biesen** in die gewünschte Richtung bügeln. Zum Schluß das Schnitteil den eingezeichneten Markierungen entsprechend auflegen und mit den üblichen Nahtzugaben zuschneiden.

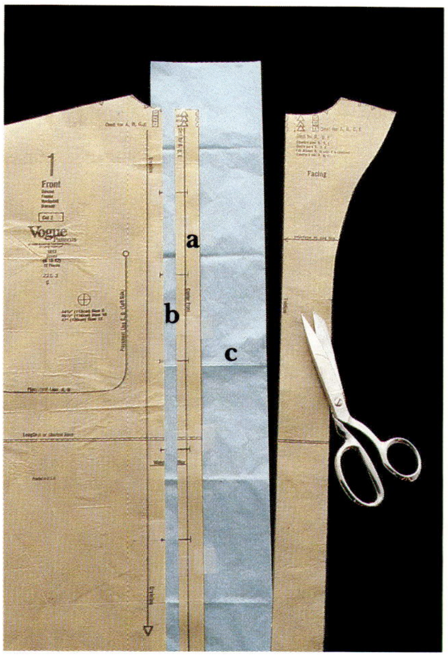


1) **Den angeschnittenen Besatz** an der Bruchlinie abschneiden; separates Besatzteil beiseite legen. Schnitt in errechneter Blendenbreite (S. 31) abzüglich 6 mm von der Bruch-/Nahtlinie durchschneiden (**a**), Papier unterlegen, die Schnittteile in 1,3 cm Abstand aufkleben (**b**). Außerhalb der Bruch-/Nahtlinie Papier in doppelter Blendenbreite ansetzen (**c**).

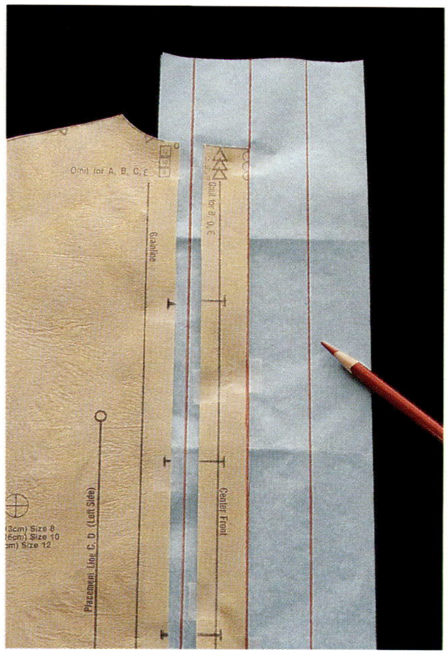

2) **Den „Einlage"-Bruch** in blendenbreitem Abstand von der Außenkante markieren. Dann an der ursprünglichen Bruch-/Nahtlinie den neuen Besatzbruch und in der Mitte des Durchschnitts den Biesenbruch einzeichnen.

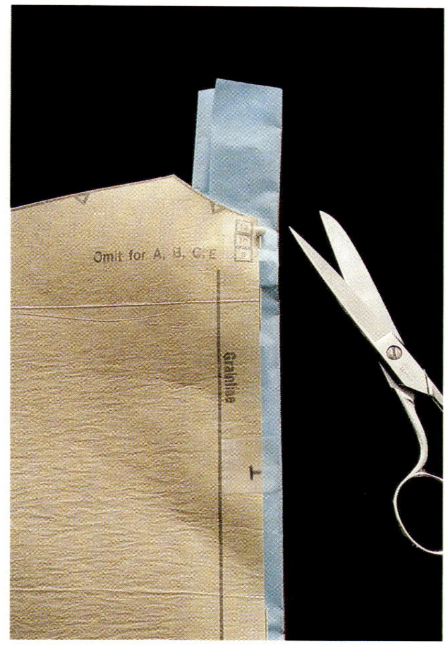


3) **Die waagerechten Knopflöcher** in senkrechte umwandeln. Dann den Schnitt nacheinander an allen drei Bruchlinien nach innen umlegen und das überstehende Ende dem Verlauf des Halsausschnitts entsprechend abschneiden.

4) **Zuerst die Knopflochseite** des Kleidungsstücks mit aufgeklappten Schnittzugaben zuschneiden. Dann die Biese am Schnitt zustecken, den Schnitt umdrehen und die Knopfseite zuschneiden. Die Bruchlinien auf beide Teile übertragen.

5) **Nacheinander** die Knopflochseite an Einlage-, Besatz- und Biesenbruchlinie, danach die Knopfseite an Einlage- und Besatzbruchlinie nach innen umbügeln.

6) **Die Biese** 6 mm vom Bruch entfernt von der Blendenseite aus durch alle Stofflagen hindurch absteppen. Dann die Blende nach vorn ausklappen und die vorderen Kanten beider Teile ebenfalls 6 mm breit absteppen.

# Passen

Bei Hemden und Blusen bildet die Passe ein Extrateil, das knapp oberhalb der Schulterblätter gerade über den Rücken verläuft. Bei den meisten Modellen reicht sie über die Schulter hinweg in das Vorderteil hinein. In solchen Fällen ist die Schulterlinie durch Markierungen an Hals- und Armausschnitt gekennzeichnet. Diese müssen unbedingt auf den Stoff übertragen werden, damit später Kragen und Ärmel korrekt angesetzt werden können.

Meist wird die Passe im Querfadenlauf zugeschnitten, denn der festere Kettfaden verläuft dann entlang der rückwärtigen Passennaht, an der der Stoff am stärksten belastet wird. Gleichzeitig sorgt der Schrägfadenlauf über den Schultern dafür, daß sich die Passe der natürlichen Schulterkontur anpassen kann.

Passen werden in der Regel zweimal zugeschnitten. Dabei dient die zweite Stofflage als eine Art Futter für die erste. Die hier gezeigte Verarbeitungsmethode kommt aus der klassischen Herrenschneiderei. Bei der fertigen Passe sind die Nahtzugaben der vorderen und rückwärtigen Ansatznähte zwischen beiden Stofflagen eingeschlossen, so daß weder innen noch außen Stepplinien zu sehen sind.

1) **Passe und Futter** rechts auf rechts liegend so an die Vorderteile steppen, daß diese zwischen beiden Passenstofflagen liegen. Nahtzugaben stufig schneiden.

2) **Das Rückenteil** rechts auf rechts an das Passenteil stecken. Das Passenfutter bleibt vorerst lose.

3) **Rücken- und Vorderteile** bis zu den gesteppten bzw. gesteckten Passenansatznähten aufrollen.

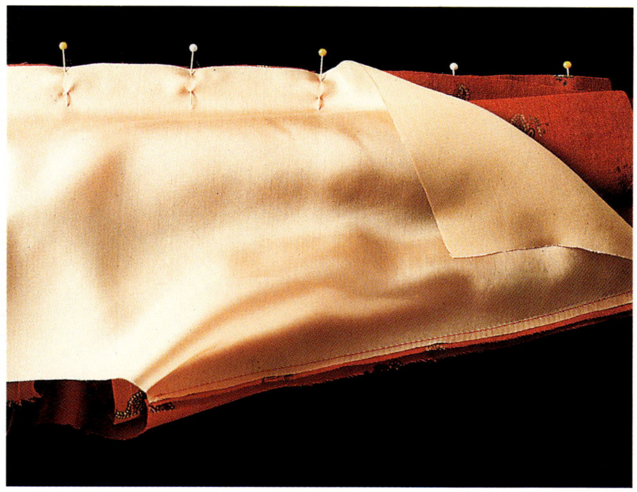

4) **Das Passenfutter** über die aufgerollten Vorder- und Rückenteile legen, auf die Nahtzugaben der Passe stecken und aufsteppen. Die Nahtzugaben abstufen.

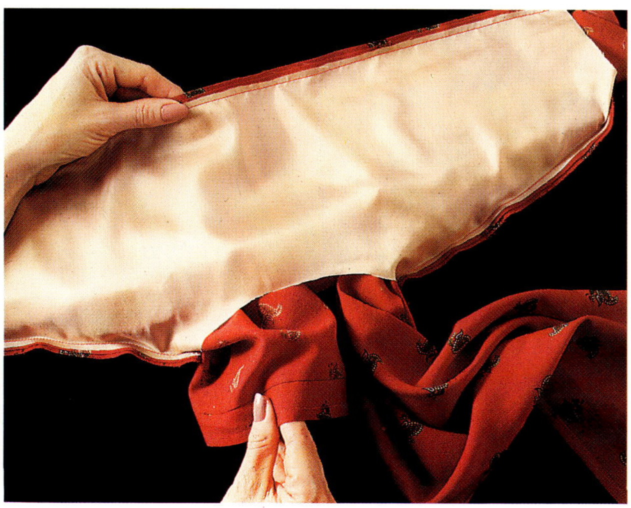

5) **Durch den Halsausschnitt** Vorder- und Rückenteile nach außen ziehen, danach auch die Passe wenden.

6) **Die Passenansatznähte** mit dem Fingernagel ausstreichen und flachbügeln.

# Kragen

Der Kragen ist eines der auffälligsten Details eines Kleidungsstücks. Sie sollten ihn daher besonders sorgfältig verarbeiten. Ein gutgearbeiteter Kragen legt sich flach um den Hals, ohne zu ziehen oder Falten zu werfen. Er hat sauber ausgeformte Spitzen und glatte, kräuselfreie Kanten mit nahezu unsichtbaren Nähten.

Den meisten Kragenformen bekommt die versteifende Wirkung von Bügeleinlage besonders gut, vor allem in Verbindung mit klassischen Hemdenstoffen. Wenn Sie feine oder gar empfindliche Stoffe verwenden, sollten Sie eine möglichst leichte Einlage mit niedrigem Schmelzpunkt wählen.

**Der Umlegekragen** hat eine gewisse Ähnlichkeit mit einem Reverskragen, nur daß in diesem Fall der Verschlußkantenbesatz die Aufgabe des Revers übernimmt. Einen Umlegekragen können Sie offen oder geschlossen tragen. Bei Freizeitkleidung ist das oberste Knopfloch ohnehin meist nur ein Zier- oder Blindknopfloch.

**Der Hemdblusenkragen** mit Steg entstammt der Herrenschneiderei. Er wird in der Regel zweiteilig zugeschnitten, und nur in Ausnahmefällen ist der Steg bereits am Kragenteil angeschnitten. Abgesehen von der dadurch entfallenden Stegansatznaht werden beide Versionen ähnlich verarbeitet.

**Der Stehkragen** besteht entweder aus zwei gleichen Teilen oder einem einzelnen Kragenteil, das dann in doppelter Breite zugeschnitten und der Länge nach zur Hälfte gefaltet wird.

## Allgemeine Nähtips

**Die Außenkanten** des Unterkragens ca. 3 mm breit zurückschneiden, damit sich die Naht später leicht auf die Unterkragenseite zieht. Ober- und Unterkragen rechts auf rechts kantenbündig aufeinanderstecken.

**Die Kragennaht** über einem Spitzenholz ausbügeln. Den Kragen wenden und die Spitzen vorsichtig nach außen schieben. Nun den Kragen so flachbügeln, daß sich die Naht auf die Kragenunterseite zieht.

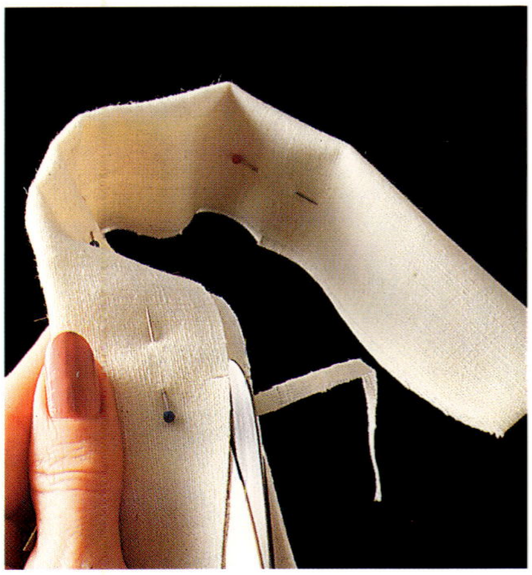

**Den Kragen** umlegen und feststecken. Die Nahtzugabe des Unterkragens bis zur Schnittkante des Oberkragens zurückschneiden. So läßt sich der angesetzte Kragen später sauber umlegen.

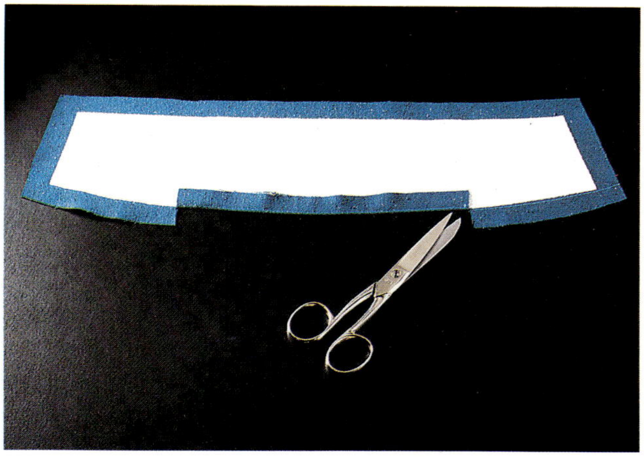

1) **Die Ansatzkante** des Oberkragens mit einer Stütznaht sichern. An den Schulterzeichen die Nahtzugaben des Oberkragens bis an die Naht einknipsen und zwischen den Einschnitten nach links umbügeln.

2) **Den Verschlußkantenbesätzen** bis zum Bruch Einlage unterbügeln oder eine zusätzliche Stofflage unterheften. Die Zugaben der Besätze entlang der Schulternähte nach links umbügeln.

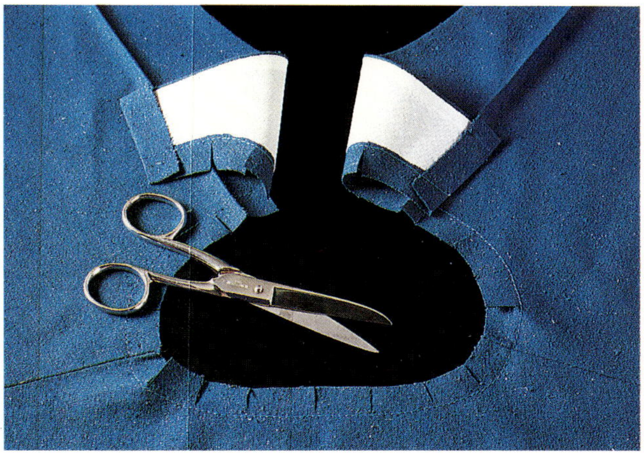

3) **Die Schulternähte** schließen. Die Halsausschnittkante durch eine Stütznaht sichern. Die Nahtzugabe ringsherum bis kurz vor die Naht einknipsen. Die Kragenteile aufeinandersteppen, wenden und bügeln.

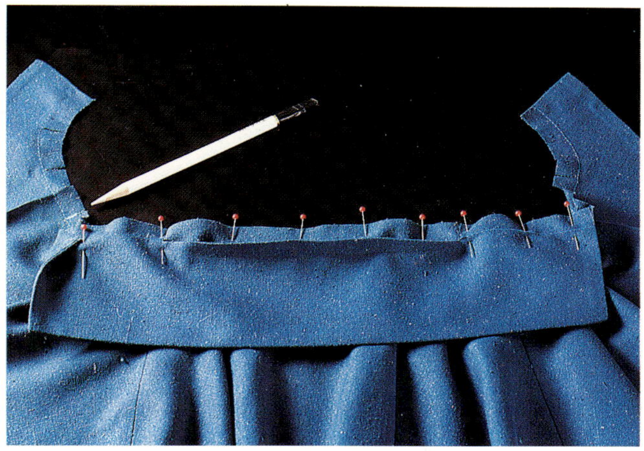

4) **Den Unterkragen** zwischen den Schulternähten von rechts zeichengemäß auf den rückwärtigen Halsausschnitt stecken, dann Ober- und Unterkragen auf die vorderen Ausschnittkanten stecken.

5) **Die Besätze** nach rechts umlegen, über die Kragenenden auf den Halsausschnitt stecken und durch alle Stofflagen hindurch feststeppen. Fortlaufend dazu den Unterkragen aufsteppen. Die Nahtzugaben stufig bzw. an den Ecken schräg zurückschneiden.

6) **Die Besätze wenden.** Die Nahtzugabe des Unterkragens in den Kragen gerichtet bügeln. Die Bruchkante des Oberkragens auf die Ansatznaht und die oberen Besatzkanten auf die Schulternähte säumen.

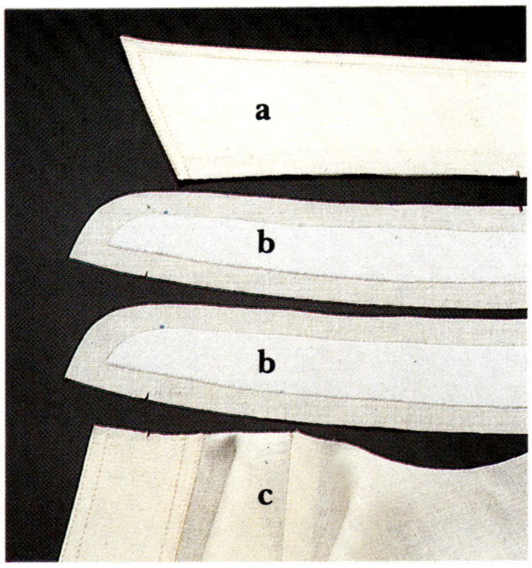


1) **Die äußeren Kragenkanten** absteppen **(a)**. Den Stegteilen Einlage unterbügeln **(b)** und die Verschlußkanten arbeiten **(c)**.

2) **Beide Stegteile** rechts auf rechts legen, Halsausschnitt kantenbündig zwischenschieben, feststecken ...

3) **... und in einem Arbeitsgang** bis 1,5 cm vor die Enden (Pfeil) aufsteppen. Nahtzugaben stufig schneiden.

4) **Verschlußkante** zurückrollen. Nun die Rundung an der vorderen Stegkante vom Nahtende bis zum Kragenansatzzeichen steppen.

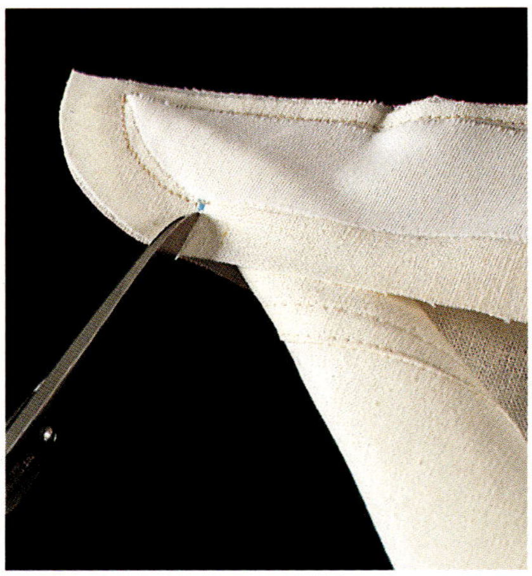

5) **Die Nahtzugaben** am Ansatzzeichen einschneiden, dann stufig schneiden und einknipsen.

6) **Die Stegteile** wenden und bügeln.

7) **Kragen** mit der Unterkragenseite nach innen von rechts an das äußere Stegteil steppen. Nahtzugaben stufig schneiden und in den Steg bügeln.

8) **Nahtzugabe** des inneren Stegteils umbügeln und auf 6 mm zurückschneiden. Dann die Bruchkante über die Kragenansatznaht stecken.

9) **Den fertigen Steg** rundherum durch alle Stofflagen knappkantig absteppen. Ein Bild des fertigen Kragens finden Sie auf S. 22/23.

# Der Stehkragen

Statt eines einfachen Stehkragens können Sie auch einen doppelten, umgelegten Stehkragen arbeiten. In diesem Fall wird der Kragen in doppelter Breite und schräg zugeschnitten. So kann er sich leicht dehnen und der Halskontur besser anpassen. Aber Vorsicht: Den Stoff beim Zuschneiden nicht verziehen! Stehkragen aus Strickstoff sollten immer quer zugeschnitten werden.

Zweiteilig zugeschnitten, wird aus dem Stehkragen eine gerade oder geformte, je nach Schnitt eng anliegend oder halsfern gearbeitete Blende.

Zur Verstärkung eines Stehkragens sind weiche, nach allen Richtungen leicht dehnbare Nichtwebeinlagen am besten geeignet. Ersatzweise können Sie auch in der echten Schräge zugeschnittene Webeinlagen oder aufbügelbare Jersey-Einlagen verwenden.

## Einen einfachen, einteiligen Stehkragen ansetzen

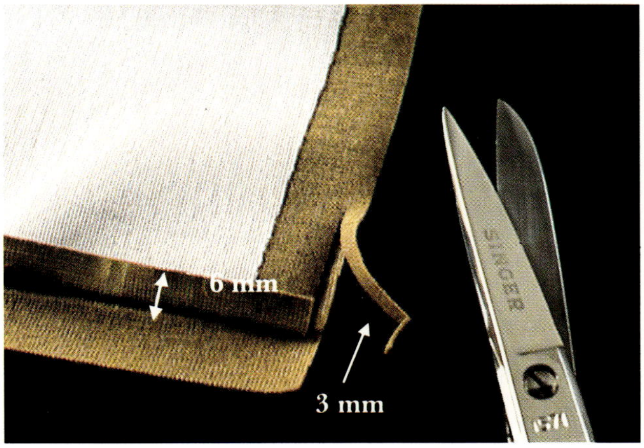


1) **Den Kragen** mit Einlage verstärken und doppelt rechts auf rechts bügeln. Die Nahtzugabe der inneren Stofflage an der Ansatznaht umbügeln und auf 6 mm, Zugaben der Enden auf 3 mm zurückschneiden.

2) **Die Schmalkanten** beider Stofflagen bündig aufeinandersteppen. Die Nahtzugaben stufig schneiden und auseinanderbügeln. Den Kragen wenden und so bügeln, daß sich die Nähte auf die Kragenunterseite ziehen.

3) **Die Halsausschnittkante** mit einer Stütznaht absteppen. Nahtzugabe an den Rundungen einknipsen. Äußere Kragenstofflage von rechts an die Ausschnittkante steppen. Nahtzugaben in den Kragen bügeln.

4) **Die umgebügelte Kante** der inneren Kragenstofflage von links über die Ansatznaht stecken und hohl ansäumen oder knappkantig aufsteppen.

# Der klassische Reverskragen

Schön gearbeitete Reverskragen bestechen vor allem durch ihre flachen, scharfen Kanten. Solche Kanten erhalten Sie allerdings nur, wenn Sie die Nähte ganz akkurat steppen, nach allen Regeln der Kunst bügeln und sorgfältig stufig zurückschneiden, damit die Nahtzugaben nicht auftragen.

Ein Reverskragen setzt sich aus verschiedenen Teilen zusammen und wird in mehreren Arbeitsgängen gearbeitet. Als erstes wird der mit Einlage verstärkte Unterkragen angesetzt. Danach steppt man den Oberkragen an die oberen Kanten der vorderen Besätze, deren obere Enden später die äußeren Reversstofflagen bilden. Nun wird der Oberkragen mit den Besätzen an den Unterkragen und die Verschlußkanten gesteppt. Zum Schluß werden Kragen, Revers und Verschlußkanten sehr sorgfältig gebügelt und unter Umständen auch abgesteppt (S. 42–45).

# Der klassische Schalkragen

Schalkragen sieht man oft an zweireihig geknöpften Jacken und Mänteln. Anders als beim Reverskragen werden beim Schalkragen Oberkragenteile und Besätze jeweils in einem Stück zugeschnitten. Und da sich der Schalkragen aus weniger Teilen zusammensetzt und auf der Außenseite des fertigen Kragens nur die rückwärtige Mittelnaht zu sehen ist, ist er natürlich auch einfacher zu arbeiten als ein Reverskragen.

Dennoch sind viele Arbeitsabläufe die gleichen wie beim Reverskragen und Abweichungen vor allem durch die Form der Schnitteile bedingt. Bevor Sie den Kragen arbeiten, sollten Sie Vorder- und Rückenteile mit Einlage verstärken. Danach wird zunächst der Unterkragen verstärkt und ebenso wie die dazugehörigen Reversteile über einem Bügelkissen ausgeformt. Anschließend kann die Reversbruchlinie eingebügelt werden (S. 44/45).

1) **Eine Stütznaht** ca. 1,3 cm innerhalb der Halsausschnittkante steppen. Die Nahtzugabe bis an die Naht einknipsen, damit sie sich beim Steppen flachlegt und nicht spannt.

2) **Den Unterkragen** bis zu den Ansatzzeichen (Pfeil) an den Halsausschnitt steppen. Die Nahtzugabe zu den Ansatzzeichen hin schräg einknipsen.

3) **Die Nahtzugaben** über einem Bügelkissen auseinanderbügeln und auf 6 mm Breite zurückschneiden.

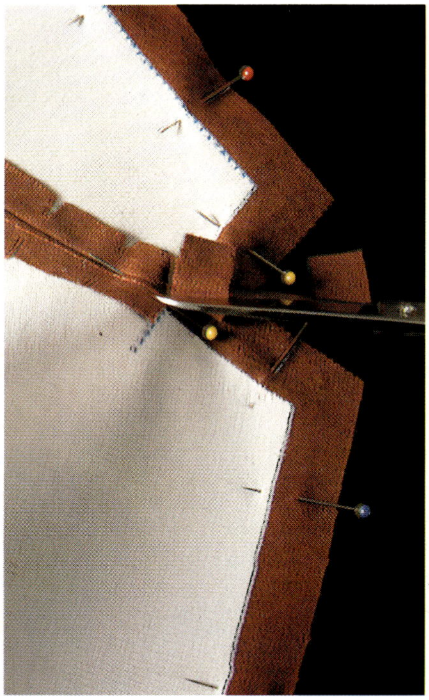

7) **An den Reversecken** die überschüssigen Nahtzugaben von Ober- und Unterkragen bis dicht an die Naht zurückschneiden.

8) **An der unteren Jackenkante** beginnend, Oberkragen und Besatz aufsteppen, dabei ab ca. 2,5 cm unterhalb des Revers die Stichlänge verkürzen und mit 1–2 Schrägstichen über die Reversspitze steppen.

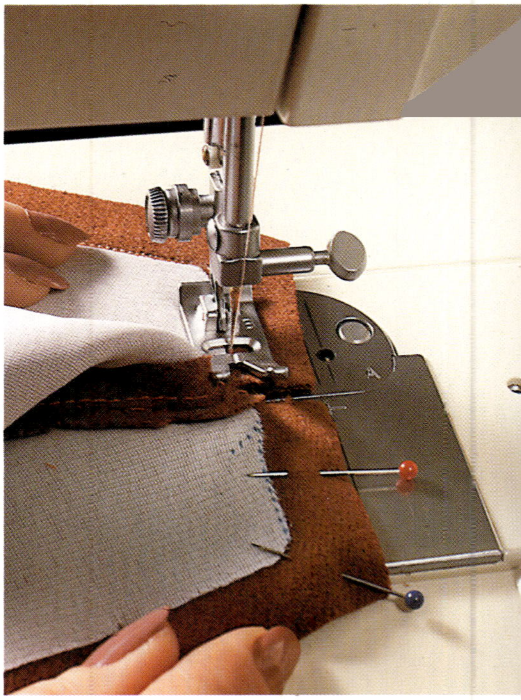

9) **Nun von der Reversspitze** zum Kragenansatzpunkt und dann die Kragenaußenkanten steppen. Darauf achten, daß alle Naht- und Ansatzzeichen genau aufeinandertreffen. Danach die Naht auf der anderen Jackenseite gegengleich beenden.

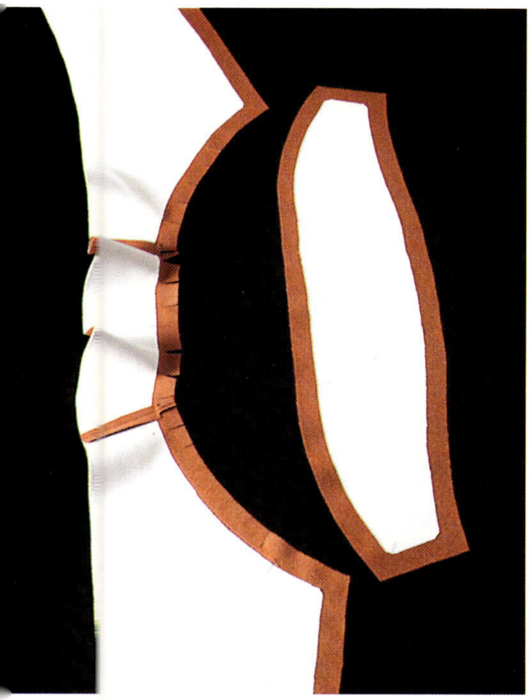

**4) Auch auf dem Halsausschnitt** des Besatzteils eine Stütznaht steppen und einknipsen. Den Oberkragen ansetzen und die Nahtzugabe an den Ansatzzeichen einknipsen.

**5) Die Nahtzugaben** auseinanderbügeln und auf ca. 1 cm Breite (etwas mehr als beim Unterkragen) zurückschneiden, um Verdickungen zu vermeiden.

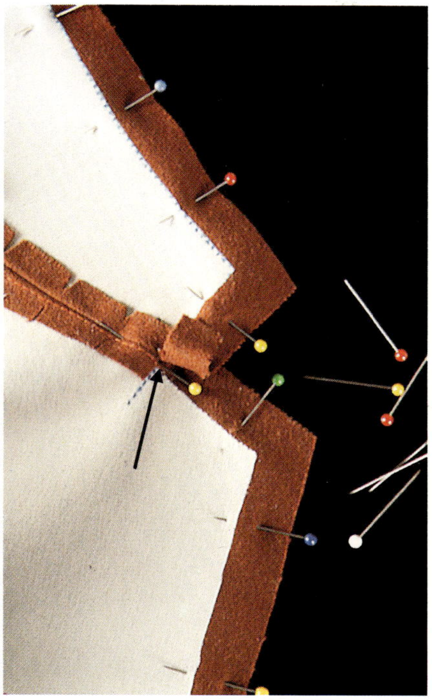

**6) Oberkragen und Besatz** auf Unterkragen- und Jackenkanten stecken, dabei die Kragennähte an den Ansatzzeichen (Pfeil) sorgfältig aufeinanderstecken.

**10) Die Nahtzugaben** auseinanderbügeln, an den Spitzen schräg und bis zu den Enden der Reversbruchlinien stufig zurückschneiden: an Unterkragen und Revers auf 5 mm und an Oberkragen und Besatz auf 1 cm.

**11) An den Enden** der Reversbruchlinien die Nahtzugaben einknipsen. Unterhalb der Einschnitte die Nahtzugaben der Jacke auf 5 mm, die Zugaben des Besatzes auf 1 cm zurückschneiden und auseinanderbügeln. Die Jacke wenden.

**12) Die Kragenansatznähte** locker aufeinanderheften. Lassen sich bei dickeren Stoffen die Nahtlinien nicht überall genau aufeinanderlegen, wird nur an den Stellen geheftet, an denen sie aufeinandertreffen.

**1) Den Unterkragen** an den Halsausschnitt steppen (siehe Reverskragen, S. 42/43, Punkt 1–3). Die Nahtzugaben einkerben und auseinanderbügeln.

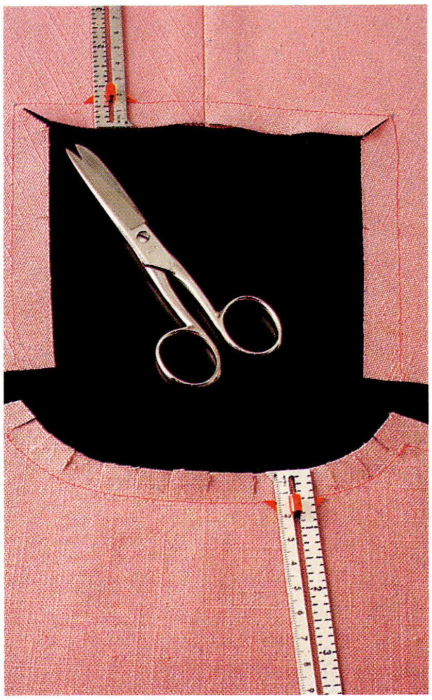

**2) Halsausschnitte** von Oberkragenteil und rückwärtigem Besatz mit einer Stütznaht absteppen, Ecken mit kleinen Stichen verstärken. Ecken und Rundungen einknipsen.

**3) Den rückwärtigen Besatz** an das Oberkragenteil steppen, dabei die Einschnitte an den Kragenecken auseinanderziehen und gerade über die Ecken steppen.

**4) Die Nahtzugabe** des Oberkragenteils auf 1 cm zurückschneiden, an den Ecken kleine Quadrate herausschneiden. Dann die Nahtzugaben über einem Bügelkissen sorgfältig auseinanderbügeln.

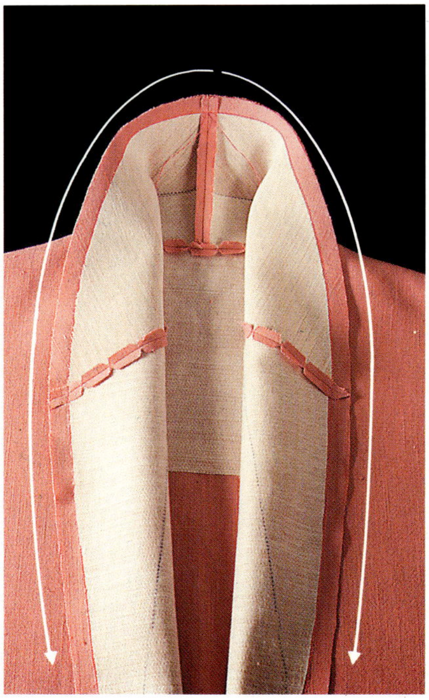

**5) Das Oberkragenteil** jeweils von der rückwärtigen Mitte zur Saumkante hin an das Jackenteil steppen. So können sich die Kragenkanten an den Schrägfadenläufen nicht kräuseln oder verziehen. Die Naht fertigstellen (siehe Reverskragen, S. 85, Punkt 12).

**6) Die Kragenaußenkante** von der Unterkragenseite aus bis ca. 2,5 cm vor Ende der Bruchlinie untersteppen oder aber von rechts, wie auf Seite 45 beschrieben, absteppen.

## Einen Revers- oder Schalkragen bügeln

1) **Die Unterseite** von Kragen und Revers bis ca. 2,5 cm vor Ende der Bruchlinie so bügeln, daß die Naht leicht auf die Unterseite rollt. Die bügelwarme Kante flachpressen, um flache, scharfe Kanten zu erzielen.

2) **Auf den letzten 2,5 cm** vor Ende der Bruchlinie die Naht ebenfalls von der Reversunterseite her so bügeln, daß sie genau auf der Kante liegt.

3) **Zum Schluß** die vorderen Kanten unterhalb der Revers von links wieder so bügeln, daß sich die Naht leicht nach innen zieht.

## Einen Revers- oder Schalkragen absteppen

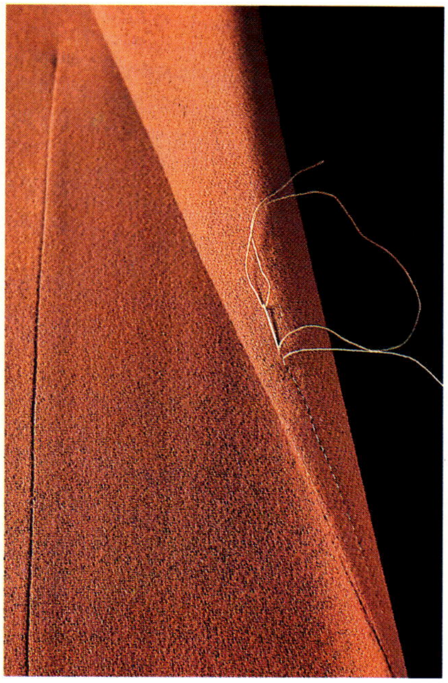

1) **Abgesteppt** wird von rechts und von der Saumkante nach oben. Wenn Sie als Oberfaden ein Ziersteppgarn verwenden, muß die Naht am Reversbruch unterbrochen werden: die Fäden abschneiden, nach innen ziehen und zwischen Oberstoff und Besatz vernähen.

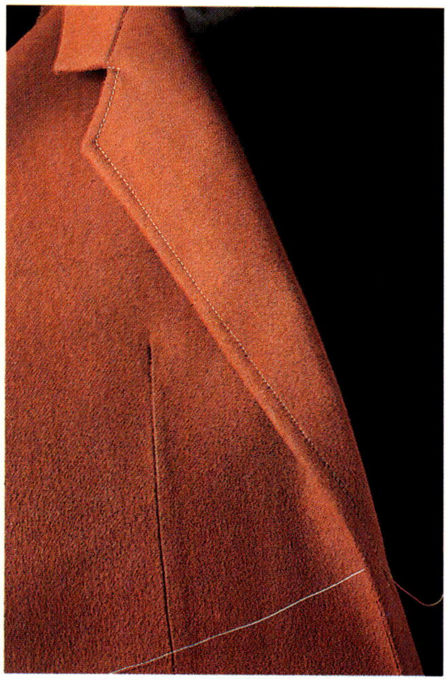

2) **Die Nadel** auf der Reversoberseite genau am letzten Einstichpunkt wieder einsetzen und weitersteppen. An der Reversspitze das Teil in der Maschine drehen und bis zur Kragenecke weitersteppen. Das Teil *nicht* (wie hier zur Verdeutlichung gezeigt) aus der Maschine nehmen!

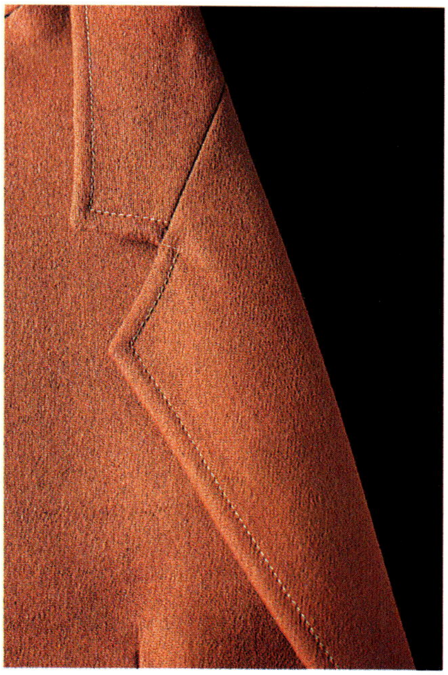

3) **Die Stichlänge** verkürzen, das Teil drehen und in der Ansatznaht bis zum Beginn der Kragenstepplinie weitersteppen. Das Teil drehen und den Kragen bis zur anderen Ecke absteppen. Dann die Naht gegengleich beenden, dabei am Reversbruch unterbrechen (siehe Punkt 1).

# Ärmel

**Eingesetzte Ärmel** haben eine runde Armkugel, die weiter geschnitten ist als der entsprechende Teil des Armausschnitts. Diese Überweite wird eingehalten, eingekräuselt oder in Fältchen gelegt, damit der Ärmel bündig in den Armausschnitt eingepaßt werden kann. Zum Einhalten müssen normalerweise zwei Reihnähte gesteppt werden. Auf Seite 48 zeigen wir Ihnen, wie Sie mit Erfahrung und Geschick einen Ärmel auch ohne vorheriges Einhalten einsetzen können. Die auf Seite 47 erläuterte Flachstepp-Methode wird hauptsächlich bei Herrenhemden eingesetzt, deren Ärmel nur geringfügig eingehalten werden.

**Kimonoärmel** sind an Vorder- und Rückenteil angeschnitten. Ähnlich wie Raglanärmel haben solche Schnitte eine runde Schulterform. Obwohl die meisten Kimonoärmel weit und bequem geschnitten sind, wird die Ärmelnaht unter der Achsel oft stark strapaziert, so daß dieser Bereich durch Nahtband, eine zweite Naht, kurze Stiche oder einen stabilisierenden Stretchstich verstärkt werden sollte.

**Raglanärmel** werden flach an die schräg verlaufenden Armausschnittkanten von Vorder- und Rückenteil angesetzt. Für die runde Ausformung der Schulter sorgt bei einteiligen Ärmeln ein spezieller Schulterabnäher, bei zweiteiligen Ärmeln eine durchgehend vom Halsausschnitt über die Schulter bis zur unteren Ärmelkante verlaufende Oberarmnaht.

**Formhilfen** wie Schulterpolster und Ärmelstützen geben Ärmeln Form und Halt. Ärmelstützen sind dünne Kissen, die gekräuselte Armkugeln leicht „auf Abstand" halten und so dafür sorgen, daß der übrige Ärmel glatt und gerade fällt. Schulterpolster dagegen stützen vor allem die Schulterlinie und helfen, kleinere Figurfehler auszugleichen.

## Nähtips

**Paßzeichen** auf dem Schnitt, wie Kerben, Punkte, Zahlen und Schultermarkierungen, helfen Ihnen, einen eingesetzten Ärmel genau einzupassen. Der größte Teil der Überweite wird auf den rückwärtigen Teil der Armkugel sowie ca. 2,5 cm über den Schulterpunkt hinaus auf die vordere Armkugel geschoben (siehe Grundlagen – Band 1).

**Kerben** auf dem Schnitteil sagen Ihnen, „wo vorn und hinten ist", damit Sie nicht versehentlich den linken Ärmel in den rechten Armausschnitt einsetzen: einfache Kerben bezeichnen die vordere, Doppelkerben die hintere Hälfte von Ärmel und Armausschnitt.

## Einen Hemdärmel einsetzen (Flachstepp-Methode)

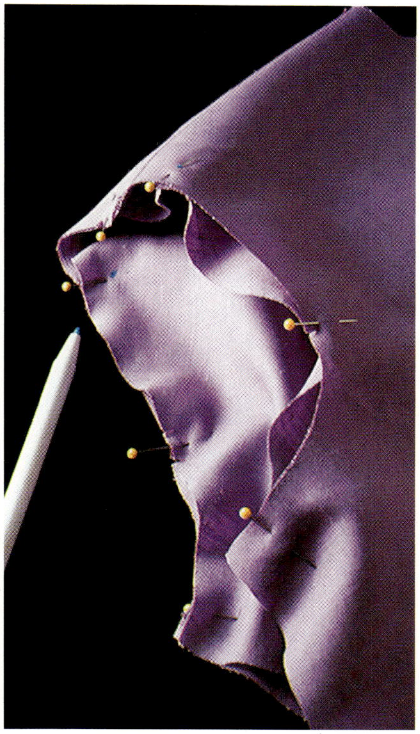

1) **Den Ärmel** vom Oberteil aus zeichengemäß rechts auf rechts in den Armausschnitt stecken, dabei die Überweite gleichmäßig verteilen.

2) **Den Ärmel** vom Oberteil aus feststeppen. Durch den Transportmechanismus wird die Armkugel automatisch eingehalten.

3) **Die Nahtzugaben** in das Oberteil bügeln. Zum Steppen einer falschen Kappnaht die Zugabe des Oberteils auf 5 mm zurückschneiden.

4) **Die Ärmelnaht** auf dem Oberteil von rechts zunächst 5 mm breit, ...

5) **... dann** knappkantig absteppen.

6) **Seiten- und Ärmelnähte** in einem Arbeitsgang schließen, dabei den Unterarmbereich mit kleinen Stichen verstärken oder eine falsche Kappnaht arbeiten.

1) **Den Ärmel** vom Oberteil aus rechts auf rechts so in den Armausschnitt stecken, daß Ärmelnähte und Paßzeichen genau aufeinandertreffen.

2) **Vom Oberteil aus** zuerst die Unterarmnaht zwischen den Kerben steppen, dabei die Stoffkanten mit den Fingern flach aufeinanderhalten.

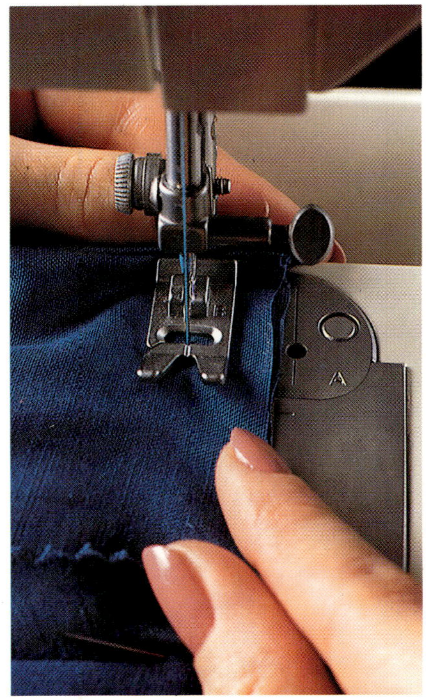

3) **An der Kerbe beginnend**, die Ärmelweite nach und nach auf die Weite des Armausschnitts einhalten: den Stoff in Abständen von 2,5–5 cm hinter dem Nähfuß mit dem Daumen fest andrücken, so daß sich die untere Lage zusammenschiebt.

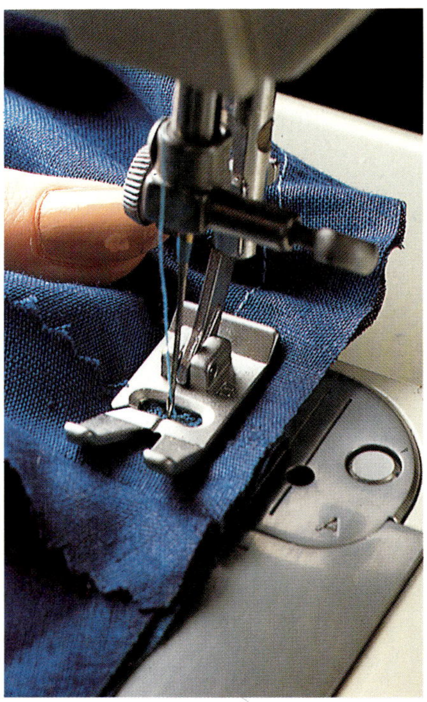

4) **Den Daumen** 1,5 cm vor dem höchsten Punkt der Armkugel anheben und die Stofflagen 3 cm weit normal transportieren lassen.

5) **Danach** die zweite Ärmelhälfte bis zur anderen Unterarmkerbe wieder eingehalten einsteppen. Dabei sollte der größte Teil der Überweite auf das *rückwärtige* Ärmelteil entfallen.

6) **Zum Schluß** die Unterarmnaht zwischen den Kerben durch eine zweite Naht verstärken und die Nahtzugaben in diesem Bereich schmal zurückschneiden.

**1) Auf der Armkugel** zwei Kräuselnähte steppen, die erste knapp innerhalb, die zweite 5 mm außerhalb der Ansatznaht. Die Ärmelnaht schließen und die Nahtzugaben sorgfältig auseinanderbügeln.

**2) Die Unterfäden** von beiden Enden aus gleichmäßig anziehen. Den Ärmel zeichengemäß in den Armausschnitt stecken, die Weite gleichmäßig verteilen und von der Ärmelseite aus feststecken.

**3) Den Ärmel** einsteppen. Die Weite gleichmäßig verteilen und die Stecknadeln rechtzeitig entfernen. 5 mm daneben auf den Nahtzugaben eine zweite Naht steppen. Nahtzugaben im Unterarmbereich abschneiden.

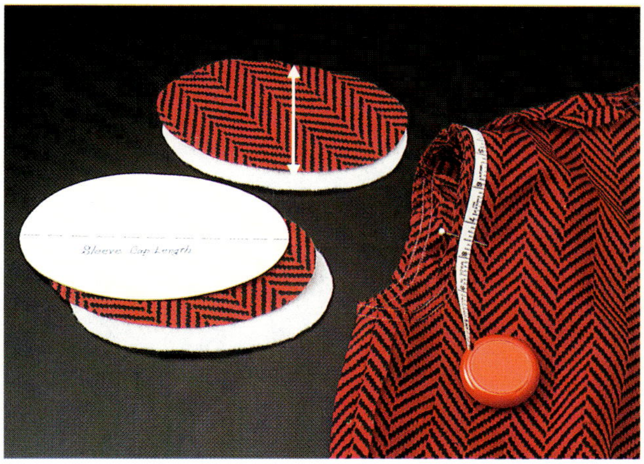


**4) Aus Oberstoff** und Vlies oder Quilteinlage jeweils 11,5 cm breite, ovale Ärmelstützen auf Armkugelweite zuschneiden, und zwar so, daß die echte Schräge quer durch das Oval verläuft.

**5) Die Ovale** aufeinanderlegen, der Länge nach links auf links zur Hälfte falten und 5 mm von den Außenkanten entfernt aufeinandersteppen.

**6) Die Einlage** unter den Nahtzugaben herausschneiden.

**7) Die fertige Ärmelstütze** im Bereich der Armkugel auf die Nahtzugaben steppen.

**8) Die Ärmelstütze** hebt die Kräusel leicht an und gibt dem Ärmel zusätzlichen Halt.

## Einen Kimonoärmel nähen

1) **Im Unterarmbereich** schmales Köper-, Schräg- oder Nahtband über die Nahtlinie stecken.

2) **Die Unterarmnaht** steppen, dabei das Band mitfassen, und die Rundung mit kleinen Stichen verstärken. Hier die Nahtzugaben (nicht das Band!) einknipsen und über einem Bügelkissen auseinanderbügeln.

3) **Oder:** Die Naht ohne Band wie unter Punkt 2 beschrieben steppen, einknipsen und ausbügeln. Nun erst das Band über die Rundung legen und rundherum durch alle Stofflagen knappkantig aufsteppen.

**1) Den Schulterabnäher** (oder die obere Ärmelnaht) schließen.

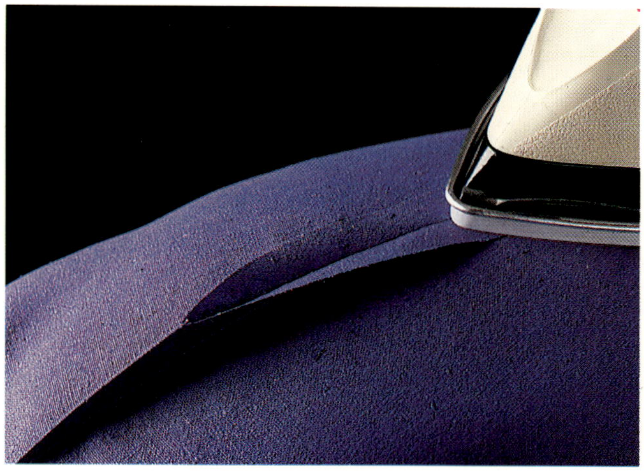

**2) Den Abnäher** auf 1,3 cm Breite zurückschneiden und über einem Bügelkissen ausbügeln.

**3) Die untere Ärmelnaht** schließen und die Nahtzugaben auseinanderbügeln.

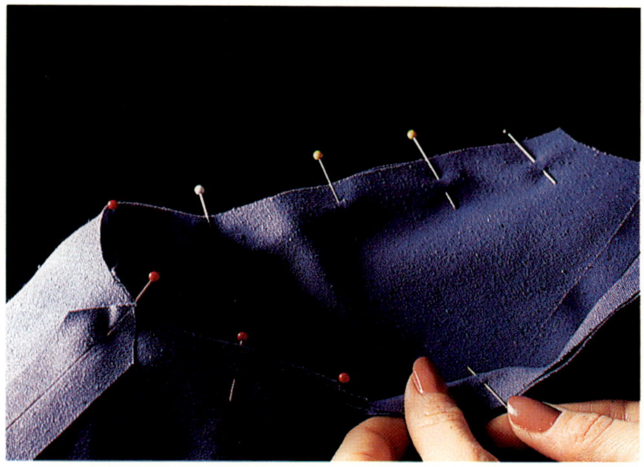

**4) Den Ärmel** so an den Armausschnitt stecken, daß Nähte und Paßzeichen aufeinandertreffen. Die Nahtzugaben im Unterarmbereich schräg abschneiden.

**5) Den Ärmel** von der Ärmelseite aus, an einer Halsausschnittkante beginnend, bis zur anderen Halsausschnittkante einsteppen.

**6) Zwischen den Kerben** den Unterarmbereich 5 mm von der Ansatznaht entfernt durch eine zweite Naht sichern, die Nahtzugaben knappkantig zurückschneiden und in den Ärmel bügeln. Oberhalb der Kerben die Nahtzugaben auseinanderbügeln.

# Ärmelschlitze und Manschetten

Lange Ärmel an Hemden, Blusen und leichten Jacken werden oft mit Manschetten geschlossen. Da Manschetten in vieler Hinsicht ähnlich verarbeitet werden wie ein Kragen, lassen sich die Nähtips von Seite 36/37 auch auf Manschetten anwenden.

Bei den meisten Manschetten wird zumindest die äußere Stofflage mit Einlage verstärkt. Bei einteiligen Manschetten wird diese Einlage der Länge nach zur Hälfte, bei zweiteiligen jeweils nur auf ein Manschettenteil aufgebügelt. Die unverstärkte Stofflage dient als eine Art Besatz, der nach innen umgelegt oder an das verstärkte Teil gesteppt wird.

Nach dem Ansetzen und Doppeln der Manschetten wird entweder die äußere Stofflage mit einer Absteppnaht aufgenäht oder die innere hohl über die Ansatznaht gesäumt. Das Absteppen mit der Maschine geht zwar schneller, oft aber sehen Manschetten ohne sichtbare Nähte einfach schöner aus.

**Der durchgehend eingefaßte Ärmelschlitz** wird mit einem einfachen, geraden Stoffstreifen versäubert, der aus Gründen der Festigkeit immer im Längsfadenlauf zugeschnitten werden sollte.

**Der Hemdärmelschlitz** wurde aus der Herrenschneiderei übernommen und ist aufwendiger zu nähen als ein durchgehend eingefaßter Schlitz. Dabei wird der Schlitz mit einem in Form geschnittenen Stoffstreifen eingefaßt, der nach einem bestimmten Schema gefaltet und aufgesteppt wird.

1) **Den Schlitz** mit einer Stütznaht umsteppen. An der Spitze mit kleinen Stichen, über der Spitze einen kurzen Querstich arbeiten. Den Schlitz einschneiden.

2) **Eine Kante** des Stoffstreifens 6 mm umbügeln. Den Schlitz auseinanderziehen. Die offene Streifenkante rechts auf links an die Schlitzkanten stecken.

3) **Den Streifen** knapp außerhalb der Stütznaht mit 6 mm Nahtzugabe so aufsteppen, daß die Schnittkanten an den Nahtenden wieder aufeinanderliegen.

4) **Die umgebügelte Streifenkante** so nach rechts umlegen, daß der Bruch eben die Naht verdeckt, und durch alle Stofflagen knappkantig feststeppen.

5) **Die Schlitzkanten** auf der linken Ärmelseite aufeinanderlegen. Am Schlitzende die Paspel schräg absteppen, damit er nicht auf die rechte Seite rollt.

6) **Die Untertrittpaspel** (= rückwärtige Schlitzkante) flachbügeln. Die Übertrittpaspel (= vordere Schlitzkante) nach innen umbügeln.

## Drei Schlitzvarianten für Eilige

**Der Nahtschlitz.** Die unteren 7,5 cm der Ärmelnaht für den Schlitz offenlassen. Die Nahtzugaben mit einer Overlock versäubern oder 6 mm breit umbügeln und absteppen. Die Schlitzkanten absteppen, dabei das Schlitzende mit einem quergesteppten Riegel sichern.

**Der verstürzte Schlitz.** Den Schlitzbesatz in Schlitzlänge plus 2,5 cm Nahtzugaben zuschneiden, die Schnittkanten mit einer Overlock versäubern oder 6 mm breit nach links umbügeln und absteppen. Den Besatz rechts auf rechts aufsteppen. Den Schlitz einschneiden und den Besatz nach innen umbügeln.

**Schlitzeinfassung mit Webkante.** Entlang der Webkante einen 2,5 cm breiten Stoffstreifen in doppelter Schlitzlänge zuschneiden. Die Webkante 1 cm breit umbügeln. Die Schnittkante von rechts 6 mm breit an die auseinandergezogenen Schlitzkanten steppen, nach innen umlegen. Die Webkante feststeppen.

## Einen falschen Ärmelschlitz (geknöpfte Falte) arbeiten

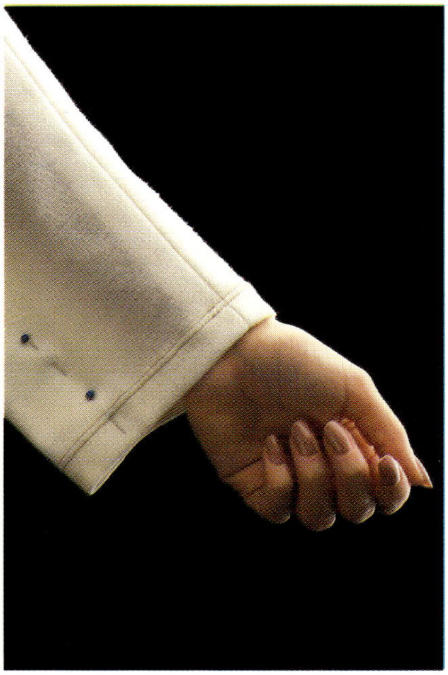

1) **Den fertigen Ärmel** anprobieren und die Falte abstecken. Der Ärmel muß weit genug bleiben, um noch bequem die Hand durchschieben zu können.

2) **Durch beide Faltenstofflagen** ein Knopfloch einarbeiten. Die Falte einlegen und einen passenden Knopf annähen.

**Oder noch einfacher:** Das Knopfloch weglassen und 1–3 kleinere Knöpfe durch alle Stofflagen festnähen. Dieser Verschluß läßt sich dann allerdings nicht öffnen.

## Eine Nahtschlitz-Manschette mit Einlageband arbeiten

**1) Der äußeren Manschettenstofflage** Einlageband aufbügeln. An den Perforierungen die Nahtzugabe nach links, die innere Stofflage nach rechts umbügeln.

**2) Die Schmalkanten** aufeinandersteppen. Die Manschette wenden und bügeln. An der unteren Ärmelkante die Schlitzzugabe nach innen umbügeln.

**3) Vor dem Schließen der Ärmelnaht** die unverstärkte Manschettenstofflage von links so an den Ärmel stecken, daß die Enden über die Schlitzkante hinausragen, und entlang der umgebügelten Nahtzugabe feststeppen. Nahtzugaben stufig schneiden.

**4) Die Manschette** nach rechts umlegen und die äußere Stofflage knappkantig feststeppen. Die Ärmelnaht steppen, dabei die unteren 7,5 cm offenlassen. Den Schlitz versäubern (siehe S. 54).

## Manschetten mit einer Overlock ansetzen

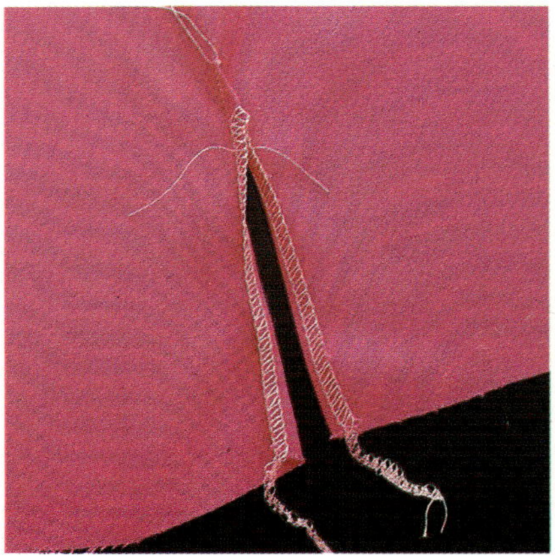

**1) Die Schlitzkanten** versäubern, bündig rechts auf rechts legen und am Schlitzende mit der normalen Nähmaschine einen ca. 2,5 cm langen Abnäher steppen.

**2) Die Manschette** doppeln. Beide Stofflagen von rechts an den Ärmel stecken, die Schlitzkanten über die Enden legen. Die Manschette mit der Overlock feststeppen.

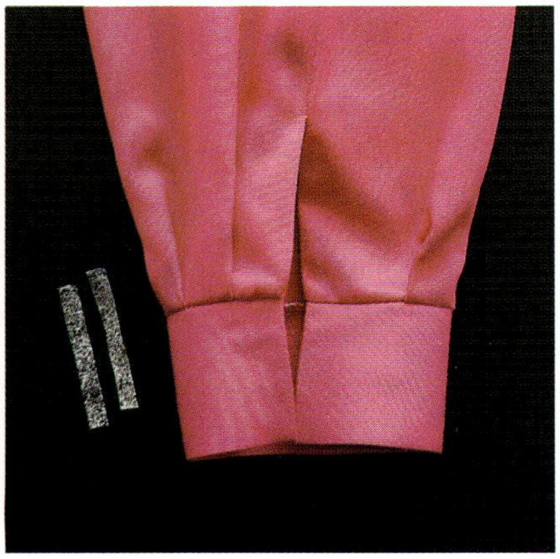

**3) Die Manschette** nach unten umlegen. Die Schlitzkanten nach innen umbügeln, eventuell zur Versteifung der Kanten schmales Einlageband unter die Schlitzkanten bügeln.

1) **Die seitlichen Kanten** des Schlitzbesatzes 6 mm nach links umbügeln. Das Schlitzende mit einigen Heftstichen markieren.

2) **An den Bruchlinien** den Besatz so falten, daß die umgebügelten Kanten genau an die Schlitzmarkierung stoßen.

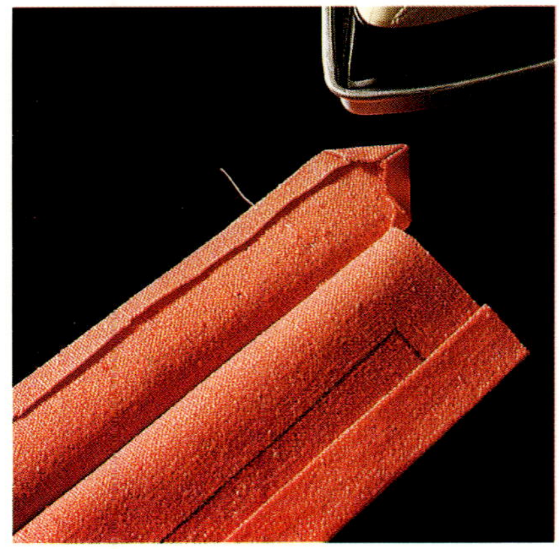

3) **An der Spitze** zuerst die Nahtzugabe der Spitze, dann die Zugaben der schrägen Seitenkanten nach links umbügeln.

4) **Den Besatz** rechts auf links so aufsteppen, daß die Schlitzmarkierungen genau aufeinandertreffen. Den Schlitz bis 5 mm vor Ende einschneiden. Die Nahtecken einknipsen.

5) **Den Besatz** nach rechts umlegen. Die Nahtzugaben zur Schlitzöffnung, dann die Spitze des Besatzes nach oben bügeln.

6) **Am Schlitzuntertritt** die Bruchkante des Besatzes über die Ansatznaht stecken, durch alle Stofflagen hindurch knappkantig aufsteppen.

7) **Am Schlitzübertritt** den Besatz über die Ansatznaht stecken. Die Außenkante des Besatzes genau bis zum eingehefteten Schlitzende knappkantig absteppen. Die Fadenenden auf die Unterseite ziehen und verknoten.

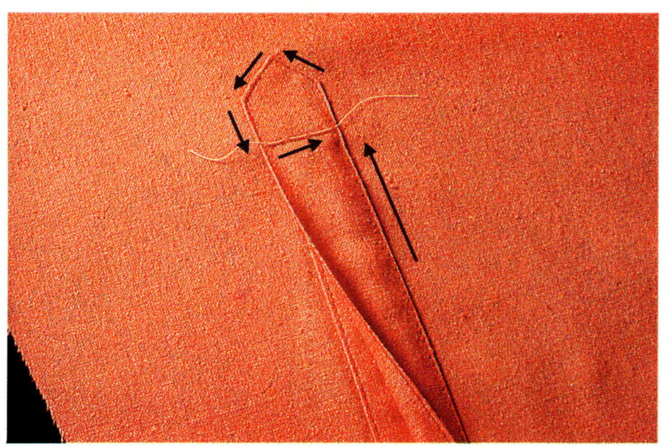

8) **Den Übertrittbesatz** flach auf Ärmel und Untertritt stecken. Nun die Innenkante und die Spitze von der unteren Ärmelkante aus in Pfeilrichtung knappkantig feststeppen. Zum Schluß das Schlitzende entlang der Markierung durch alle Stofflagen hindurch quer absteppen.

## Eine Manschette ansetzen

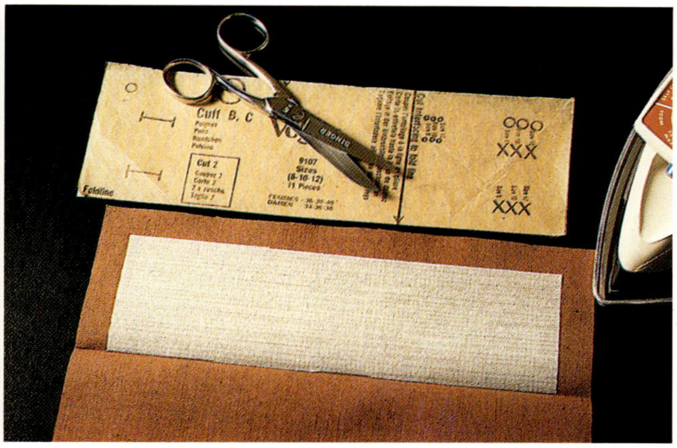

**1) Den Manschettenschnitt** zur Hälfte falten und nach diesem Schnitt die Einlage ohne Nahtzugaben zuschneiden. Die Einlage von links auf die äußere Manschettenstofflage aufbügeln.

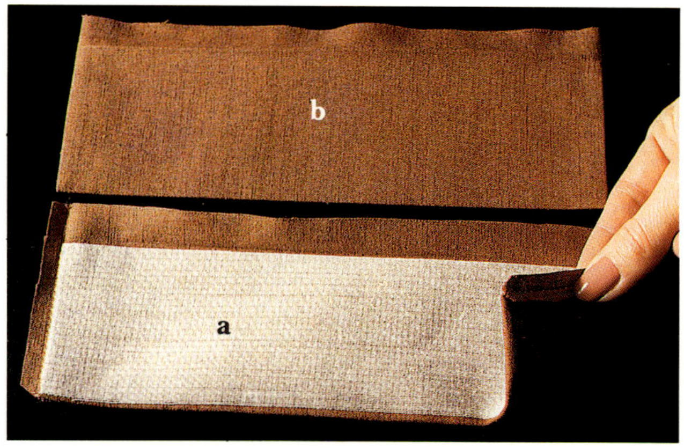


**2) Die Nahtzugabe** der verstärkten Längskante umbügeln. Manschette rechts auf rechts doppelt legen, Schmalkanten verstürzen (umgebügelte Zugabe nicht mitfassen!). Die Nahtzugaben zurückschneiden und auseinanderbügeln (**a**). Manschette wenden (**b**).

**3) Die nicht verstärkte Hälfte** der Manschette zeichengemäß rechts auf links an den Ärmel steppen. Darauf achten, daß Manschetten- und Schlitzkanten bündig abschließen. Die Nahtzugaben nicht zurückschneiden!

**4) Die äußere Stofflage** der Manschette so weit wie möglich um die Schlitzkanten herum rechts auf rechts auf die Ärmelvorderseite ziehen und ca. 2,5 cm hinter der Schlitzkante feststecken.

**5) Die festgesteckten Enden** der Manschette genau in der Nahtrille der Ansatznaht aufsteppen, so daß diese später nicht zu sehen ist. Die Zugaben bis dicht an die Naht zurückschneiden.

**6) Die Manschette** wenden und bügeln. Die ersten 2,5 cm der äußeren Stofflage sind bereits festgesteppt.

**7) Die umgebügelte Kante** der äußeren Stofflage ca. 6 mm breit über die Ansatznaht steppen. Nicht abgesteppte Manschetten werden rechts auf rechts angesetzt, nach innen umgelegt und hohl angesäumt.

# Taschen

Taschen können sowohl praktische als auch rein dekorative Zwecke erfüllen. Doch auch praktische Taschen lassen sich durch Form oder Verzierung zu modischen Blickfängern umfunktionieren. In jedem Fall aber müssen sie für die Hände bequem zu erreichen sein, selbst wenn dazu der Schnitt abgeändert werden muß.

**Eingesetzte Taschen** sollten möglichst aus fest gewebten Stoffen gearbeitet werden, die nicht so schnell nachgeben. Professionelle Schneider verwenden für solche Taschen einen Spezialstoff, der sich allerdings ohne weiteres auch durch einen kräftigen, strapazierfähigen Futterstoff ersetzen läßt.

**Aufgesetzte Taschen** werden deutlich sichtbar auf das Kleidungsstück genäht und müssen daher sehr sorgfältig gearbeitet werden. Sie können je nach Modell und Stoff mit Einlage verstärkt und/oder mit Futter oder Oberstoff gedoppelt werden.

**Nahttaschen** sind reine Innentaschen und, vom Eingriff abgesehen, von außen praktisch unsichtbar.

**Hüftpassentaschen** haben schräg von der Taille zur Seitennaht hin verlaufende Eingriffe.

**Paspeltaschen** können mit unterschiedlich breiten Kanteneinfassungen und wahlweise mit oder ohne Klappe gearbeitet werden.

# Aufgesetzte Taschen

Als deutlich sichtbares Verarbeitungsdetail haben aufgesetzte Taschen fast immer auch eine dekorative Funktion. Sie sollten dort plaziert sein, wo sie für Ihre Figur am günstigsten sind und einen großen Busen oder breite Hüften nach Möglichkeit nicht zusätzlich betonen.

Auch wenn Sie glauben, die richtige Stelle für die Taschen gefunden zu haben, sollten Sie die Anordnung vor dem Aufnähen noch einmal kritisch überprüfen. Achten Sie auch darauf, daß bei zwei Taschen beide genau symmetrisch plaziert sind!

Aufgesetzte Taschen können sowohl von Hand als auch mit der Maschine aufgenäht werden. Mit der Maschine geht es natürlich schneller, zudem sind solche Taschen in der Regel haltbarer als handgenähte und daher vor allem für Freizeitkleidung ideal.

Den meisten Taschen bekommt es gut, wenn sie mit einer leichten Einlage verstärkt werden. Zugeschnitten wird die Einlage nach dem Taschenschnitt abzüglich des (meist angeschnittenen) Eingriffsbesatzes und ohne Nahtzugaben. Gewebte Einlage sollte schräg zugeschnitten werden, damit die Taschen nicht zu steif geraten.

Nach dem Aufnähen werden die Enden der Tascheneingriffe durch schmale Dreiecke oder kurze Steppriegel gesichert, damit sie nicht so schnell einreißen. Wer ganz sichergehen will, steppt die Taschen zusätzlich ab.

## Eine eckige Tasche arbeiten

1) **Den oberen Besatz** nach außen umlegen, seitlich 3 mm über die Kanten hinausziehen (damit die Nähte später nach innen rollen), auf den Nahtlinien feststeppen. Nahtzugaben stufig schneiden, an den Ecken abschrägen.

2) **Wenden** und die Ecken vorsichtig mit einem Spitzenwender herausdrücken. Dann die Nahtzugaben an den seitlichen und unteren Kanten nach links umbügeln.

3) **An den unteren Ecken** die Nahtzugaben aufklappen, am Schnittpunkt der Nahtlinien diagonal umbügeln und auf 6 mm Breite zurückschneiden.

4) **Die Nahtzugaben** in Form von Briefecken wieder zurückklappen, bügeln und leicht zurückschneiden. Eventuell die Taschenkanten absteppen.

## Eine aufgesetzte Tasche mit abgerundeten Ecken arbeiten

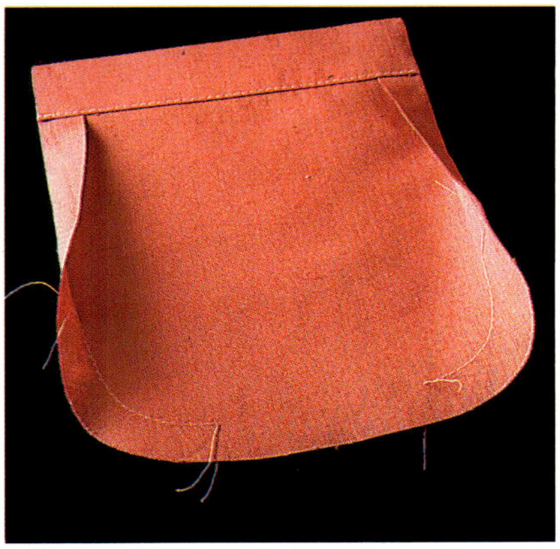

1) **Den Besatz** aufsteppen und wenden (S. 59, Punkt 1). Entlang der Rundungen knapp außerhalb der Nahtlinie eine Reihnaht steppen.

2) **Den Unterfaden** der Reihnaht anziehen, um die überschüssige Weite einzuhalten. Die Nahtzugaben nach links umbügeln.

3) **Die Nahtzugaben** rundum auf 6 mm zurückschneiden, evtl. an den Rundungen zusätzlich einkerben, damit sie schön flach aufliegen.

## Eine aufgesetzte Tasche mit Futter arbeiten

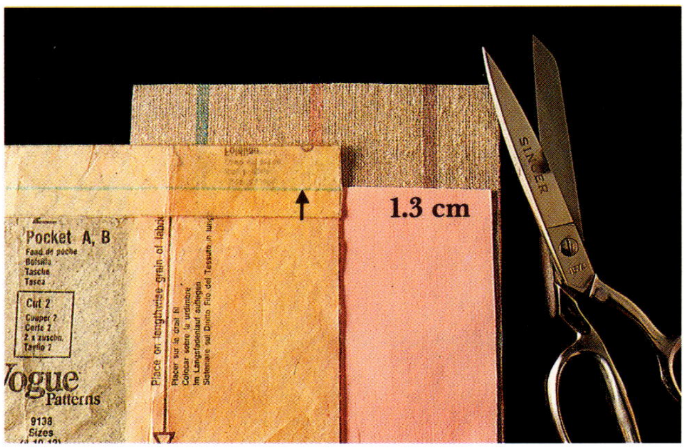


1) **Am Schnitt** den Besatz wegklappen. 1,3 cm von der oberen und 3 mm innerhalb der übrigen Kanten die Futterlinie einzeichnen. Das Futter zuschneiden.

2) **Das Futter** rechts auf rechts mit 6 mm Nahtzugabe an den Besatz steppen, in der Mitte eine Öffnung zum Wenden lassen (Pfeile). Die Naht ausbügeln.

3) **Besatz und Futter** nach rechts umlegen. Seitliche und untere Kanten aufeinandersteppen. Nahtzugaben stufig, Ecken schräg schneiden (oder Rundungen einkerben).

4) **Die Tasche** durch die Öffnung in der Besatznaht wenden und von links so bügeln, daß sich die Nähte auf die Unterseite ziehen und später von außen nicht zu sehen sind.

5) **Die Nahtöffnung** mit Staffierstichen zunähen.

## Eine gedoppelte, aufgesetzte Tasche arbeiten

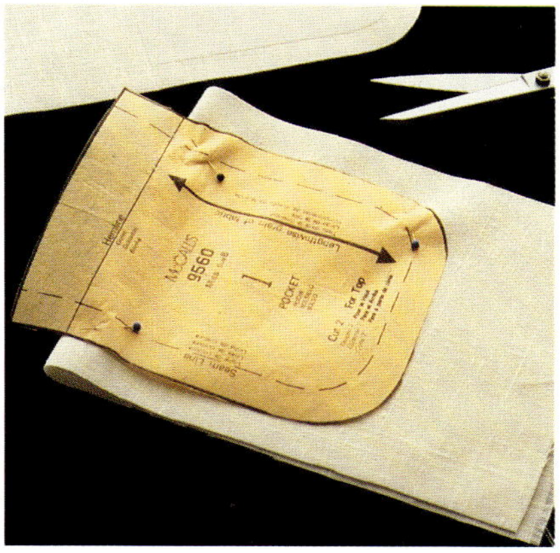

1) **Die Besatzbruchlinie** an den Stoffbruch anlegen, die Tasche doppelt zuschneiden und einer Hälfte ohne Nahtzugaben zugeschnittene Einlage aufbügeln.

2) **Die Tasche** rechts auf rechts stekken, dabei die nichtverstärkte Hälfte ca. 3 mm über die untere Kante ziehen. Die Naht steppen, an einer Seite eine Öffnung zum Wenden lassen.

3) **Die Naht** ausbügeln, die Zugaben beschneiden. Die Tasche wenden und die Öffnung mit Staffierstichen zunähen. Die Tasche so bügeln, daß die Naht auf die Unterseite rollt.

## Eine aufgesetzte Tasche mit der Maschine aufsteppen

1) **Die Taschenansatzlinien** durch Heften mit der Maschine auf die rechte Stoffseite übertragen.

2) **Die fertige Tasche** mit Stecknadeln, Fixierstift oder Klebeband innerhalb der Markierung einheften.

3) **Knappkantig aufsteppen** und die oberen Ecken der Tasche mit kleinen Dreiecken oder Riegeln sichern.

## Eine aufgesetzte Tasche mit der Hand aufnähen

1) **Die Tasche** eventuell vor dem Aufnähen absteppen. Die Taschenansatzlinien wie oben unter Punkt 1 beschrieben einheften.

2) **Dicht an den Kanten** die Tasche sorgfältig von Hand aufheften. Die Heftnaht dient als Hilfslinie für die spätere Naht.

3) **Von innen mit Rückstichen** festnähen, dabei nur die innere Taschenstofflage fassen, damit die Stiche von außen nicht zu sehen sind.

# Die Nahttasche

Nahttaschen können als Bestandteil des Kleidungsstücks, als separater Taschenbeutel oder als angeschnittener Besatz mit separatem Taschenbeutel zugeschnitten werden. Vollständig angeschnittene Taschen sind zwar insofern praktisch, als hier die Beutelansatznähte entfallen. Sie können jedoch bei schwereren Stoffen ziemlich stark auftragen, was sich bei separaten Taschenbeuteln dadurch verhindern läßt, daß ein Beutelteil aus Futterstoff zugeschnitten wird. Diese Möglichkeit haben Sie auch bei der dritten Version. Sie hat zudem noch den

## Eine Nahttasche einsetzen

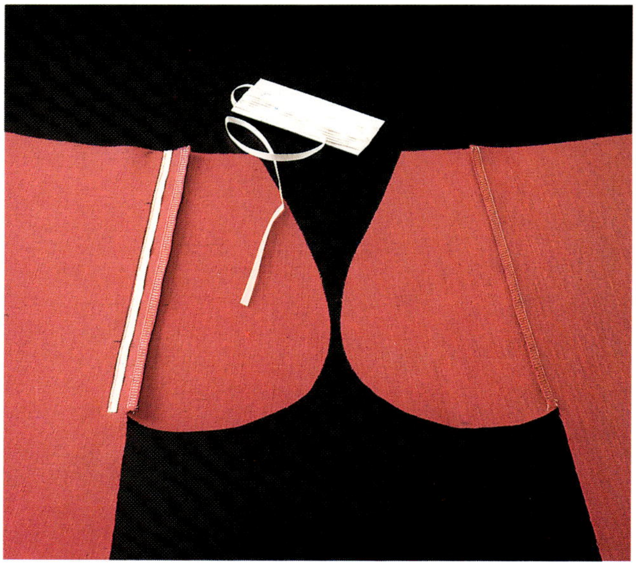

1) **Das Nahtband** knappkantig unter die Nahtzugabe des vorderen Besatzes steppen. Die Taschenteile ansetzen. Die Nahtzugaben auf 6 mm beschneiden, zusammengefaßt versäubern und in die Tasche bügeln.

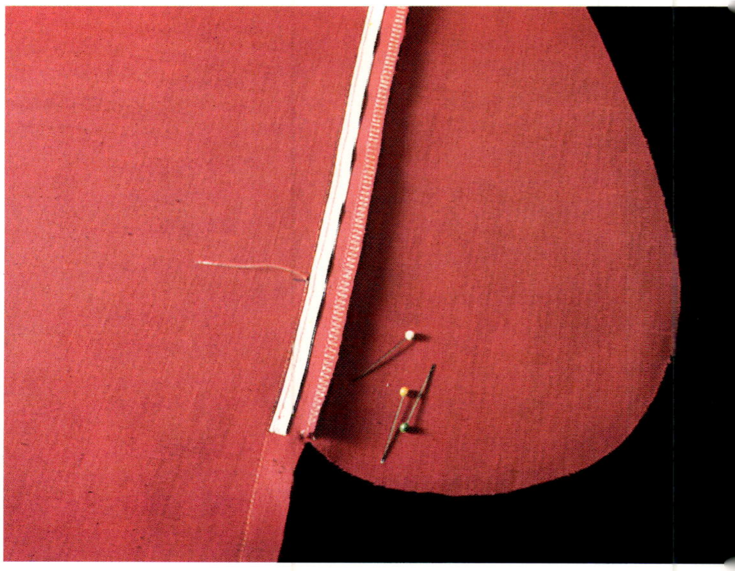

2) **Vorder- und Rückenteil** aufeinanderstecken und den Tascheneingriff zuheften. Die Seitennaht ober- und unterhalb der Tasche schließen, dabei die Enden des Eingriffs mit einigen Rückstichen sichern.

## Eine Nahttasche in eine falsche Kappnaht einsetzen

1) **Zunächst wie oben** unter Punkt 1 und 2 erklärt arbeiten. Dann die Nahtzugaben des Rückenteils an beiden Taschenenden einknipsen (Pfeil) und die Nahtzugabe des Vorderteils auf 6 mm beschneiden.

2) **Die Nahtzugaben** der Seitennaht ober- und unterhalb der Einschnitte ins Vorderteil gerichtet bügeln, dann die Taschenbeutelteile auseinanderbügeln.

Vorteil, daß der angesetzte Taschenbeutel an der Hüftrundung nicht nach außen rollen kann. Damit sich vor allem die vorderen Eingriffskanten beim Ansetzen separat zugeschnittener Beutelteile nicht dehnen, sollten Sie schmales Köper- oder Nahtband unter die Nahtzugaben heften. Durch Absteppen werden die Taschenbeutel sicher im Innern des Kleidungsstücks gehalten und die Kanten zusätzlich abgeflacht, was der „schlanken Linie" gerade an einer so kritischen Stelle wie der Hüfte sicherlich gut tut.

3) **Die Taschenteile** bis an die fertige Seitennaht aufeinandersteppen. Die Nahtzugabe des Rückenteils ober- und unterhalb der Besätze einknipsen.

4) **Die Zugaben** der Seitennaht auseinander-, den Taschenbeutel ins Vorderteil gerichtet bügeln. Die Zugaben der Taschenbeutelnaht zusammengefaßt versäubern. Die Heftstiche entfernen.

3) **Die Seitennaht** und die vordere Eingriffskante von rechts in einem Arbeitsgang erst knappkantig, dann 6 mm breit absteppen.

4) **Das rückwärtige Taschenteil** umklappen und auf das vordere steppen. Die Nahtzugaben versäubern. Die Heftstiche entfernen.

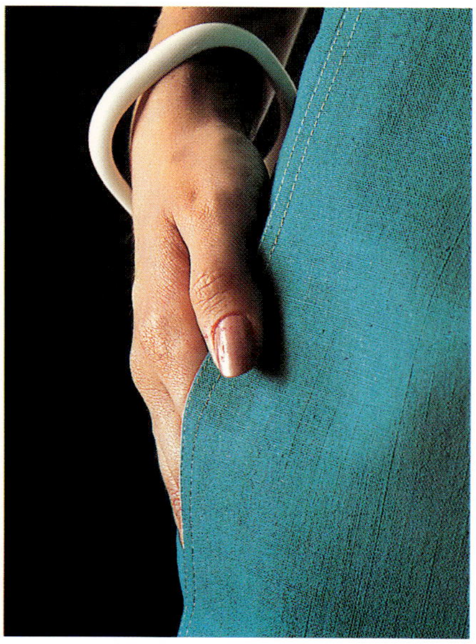

5) **Die Absteppnähte** verlaufen durchgehend über den vorderen Tascheneingriff hinweg bis zur Saumkante.

# Die Hüftpassentasche

Hüftpassentaschen setzen sich aus zwei verschiedenen Teilen zusammen: der Hüftpasse mit angeschnittenem Taschenteil und einem separat zugeschnittenen Taschenteil. Während die Hüftpasse in der Regel aus dem Stoff des betreffenden Kleidungsstücks zugeschnitten wird, kann man für das separate Taschenteil bei schwereren Stoffen auch einen festen Futterstoff verwenden.

## Eine Hüftpassentasche arbeiten

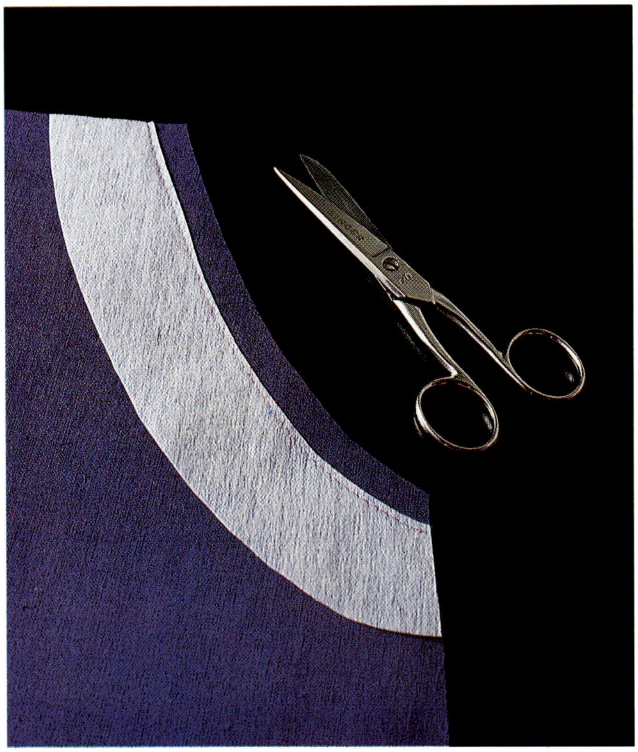

1) **Einen 5 cm breiten Streifen** Näheinlage in Form der Tascheneingriffskante zuschneiden und 1,3 cm von der Schnittkante entfernt von links auf das Vorderteil steppen. Bei geraden Eingriffskanten kann statt der Einlage auch Nahtband verwendet werden.

2) **Das Taschenteil** rechts auf rechts an die Eingriffskante steppen. Die Nahtzugaben so beschneiden, daß die Zugabe des Taschenteils schmaler ist als die des Vorderteils. Die Rundung einknipsen.

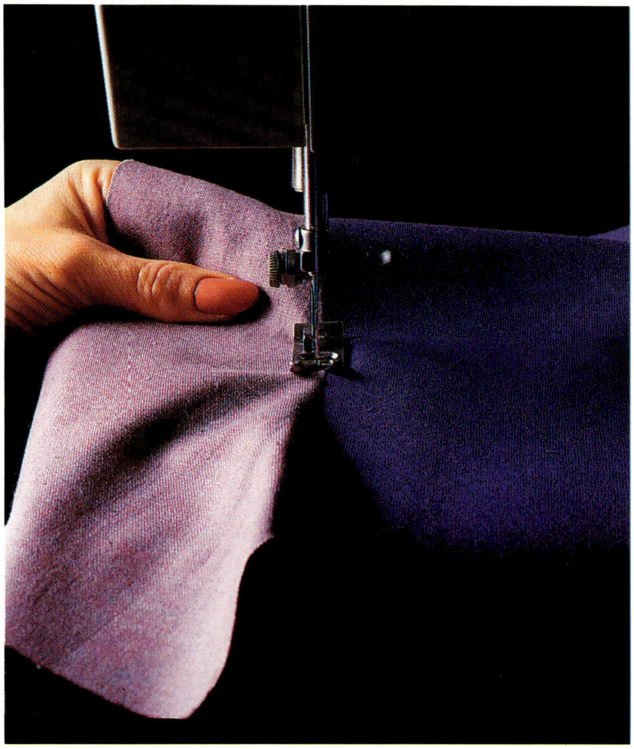

3) **Die Nahtzugaben** in das Taschenteil bügeln. Soll der Eingriff nicht abgesteppt werden, die Naht auf dem Taschenteil untersteppen.

4) **Das Taschenteil** nach innen wenden. Die Kante so bügeln, daß sich die Naht leicht nach innen zieht. Die Kante entweder untersteppen oder absteppen.

5) **Die Hüftpasse** zeichengemäß unterstecken und an das Taschenteil steppen. Die Nahtzugaben zusammengefaßt versäubern.

6) **Den Taschenbeutel** zeichengemäß unter die Nahtzugaben von Taillen- und Seitennaht heften. Darauf achten, daß die Tasche flach liegt und keine Falten wirft!

# Die Paspeltasche

Nicht nur optisch haben Paspeltaschen vieles mit den gleichnamigen Knopflöchern gemein. Hier wie dort werden die Schnittkanten durch Paspeln (schmale, gefaltete Stoffstreifen) versäubert.

Paspeltaschen sind nicht ganz einfach zu arbeiten und nicht unbedingt das ideale Übungsobjekt für Anfänger. Gefragt ist vor allem Genauigkeit, beim Markieren und Zuschneiden ebenso wie beim Nähen selbst. Vor Beginn der Arbeit und bevor Sie den Eingriff endgültig und unwiderruflich aufschneiden, sollten Sie die Lage der Tasche noch einmal genau überprüfen.

## Zuschneiden und Vorbereiten der Taschenteile

1) **Für eine fertige Taschenbreite** von 12,5 cm die folgenden Teile 18 x 7,5 cm groß zuschneiden: **(a)** die Schlitzverstärkung aus nichtgewebter Näheinlage; **(b)** die Paspel und **(c)** den Taschenbesatz aus Oberstoff; **(d)** die Paspelverstärkung aus in Querrichtung dehnbarer Bügeleinlage. Der Taschenbeutel **(e)** wird 18 cm breit und 30–38 cm lang zugeschnitten.

2) **Die Bügeleinlage** auf die linke Seite der Paspel aufbügeln. Die Paspel **(f)** mit der rechten Seite nach oben auf ein Ende des Taschenbeutels legen, die innere Kante mit Zickzackstichen aufsteppen, dann die äußere Kante mit der Maschine festheften. Den Taschenbesatz **(g)** genauso an das andere Ende des Taschenbeutels nähen.

## Die Verarbeitung einer Paspeltasche

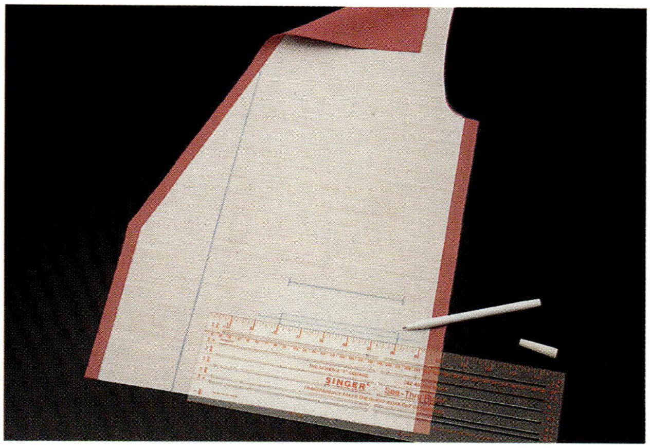


1) **Die Taschenlinien** sorgfältig auf die linke Stoffseite und die Näheinlage übertragen: zuerst den Tascheneinschnitt, dann in 6 mm Abstand dazu die Stepplinien, deren Enden dann in genau 12,5 cm Abstand zueinander durch Querlinien verbunden werden.

2) **Die Näheinlage** paßgenau auf die Taschenmarkierung stecken und, an einer Längsseite beginnend, mit kleinen Stichen genau in den Stepplinien aufsteppen, die dadurch gleichzeitig auf die rechte Stoffseite übertragen werden. Die Nahtenden nicht verriegeln!

3) **Das Paspel-/Taschenbeutelteil** rechts auf rechts und Mitte auf Mitte über das durchgesteppte Rechteck stecken.

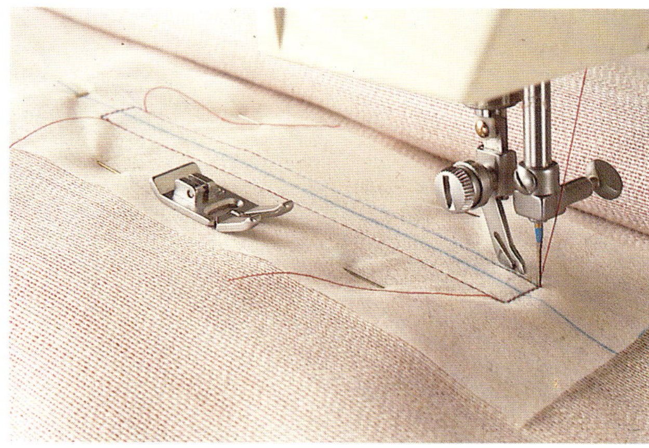

4) **Die Paspel** von links durch die Längsstepplinien feststeppen. Dabei genau bis zu den Querlinien steppen (siehe Foto; zur Verdeutlichung wurde der Nähfuß entfernt). Die Nahtenden sorgfältig verriegeln.

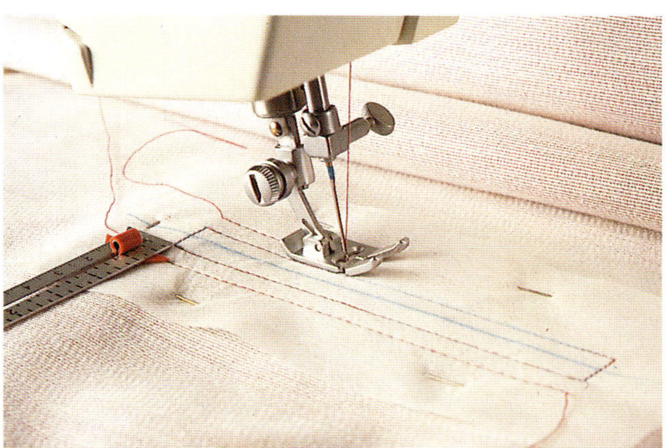

5) **Genau 6 mm** außerhalb der Längsstepplinien Paspel und Vorderteil mit der Maschine durchheften. Dabei kann der Steppfuß als Kantenlineal benutzt werden.

6) **Um die Heftnaht herum** das Paspel-/Taschenbeutelteil nach oben umlegen, den Bruch fest einbügeln und das Teil feststecken.

7) **Die Paspel** von links durch die untere Stepplinie bis zu den Endpunkten (Pfeile) feststeppen und die Nahtenden verriegeln. Diese Naht bildet die untere Paspel.

8) **Das Paspel-/Taschenbeutelteil** über die obere Heftnaht nach unten umbügeln.

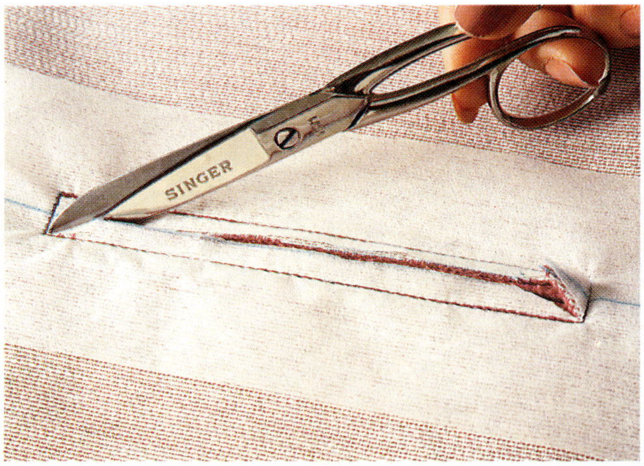


11) **Den Tascheneingriff** *im Vorderteil* von links bis ca. 1,5 cm vor die Enden einschneiden, von hier aus die Ecken schräg einknipsen.

12) **Durch den Einschnitt** Paspel und Taschenbeutel nach innen durchziehen. Auch die durch das Einknipsen entstandenen Dreiecke nach innen umlegen. Alles sorgfältig flachbügeln.

15) **Das Vorderteil** umklappen, damit es beim Steppen der seitlichen Taschenteile nicht im Weg ist.

16) **Die seitlichen Taschennähte** mit dem Reißverschlußfuß steppen. An den Taschenenden auch die Bruchkanten der Dreiecke knappkantig mit in die Naht fassen.

9) **Von links** die obere Stepplinie genau bis zu den Endpunkten durchsteppen und die Nahtenden verriegeln. Durch diese Naht entsteht die obere Paspel.

10) **Das Paspelteil** genau in der Mitte zwischen den beiden Stepplinien aufschneiden, dabei das Vorderteil nicht mitfassen. Die Heftnähte entfernen.

13) **Das untere Ende** des Taschenbeutels nach oben umlegen und auf die obere Kante der oberen Paspel stecken.

14) **Mit dem Reißverschlußfuß** alle Stofflagen, einschließlich des Taschenbeutels, von rechts durch die obere Paspelnaht feststeppen.

17) **Den Taschenbeutel** flachbügeln.

18) **Zum Schluß** den Eingriff der fertigen Paspeltasche bis zur endgültigen Fertigstellung des Kleidungsstücks mit schrägen Heftstichen zuheften.

# Taschenklappen

Sowohl aufgesetzte Taschen wie auch Paspeltaschen können zusätzlich mit einer Klappe versehen werden. Da die Klappe mindestens 6 mm breiter ausfallen sollte als die aufgesetzte Tasche bzw. 3 mm schmaler als der Eingriff einer Paspeltasche, empfiehlt es sich, diese erst nach Fertigstellung der Tasche bzw. des Tascheneingriffs zu arbeiten.

Taschenklappen können je nach Schwere des Materials mit Oberstoff gedoppelt oder abgefüttert werden. Dazu wird der Futterstoff an den Außenkanten ca. 3 mm kleiner zugeschnitten als der Oberstoff, damit die Naht nach dem Wenden der Klappe automatisch auf die Unterseite rollt und von außen nicht zu sehen ist.

Als Einlage sollten Sie eine aufbügelbare Qualität wählen, mit der sich klare, scharfe Kanten erzielen lassen. Die Einlage ohne Nahtzugaben zuschneiden oder die Zugaben vor dem Aufbügeln abschneiden.

## Eine gefütterte Taschenklappe nähen

1) **Die Einlage** von links auf den Oberstoff aufbügeln. Das Futter an den Außenkanten 3 mm zurückschneiden und rechts auf rechts kantenbündig auf die Klappe stecken.

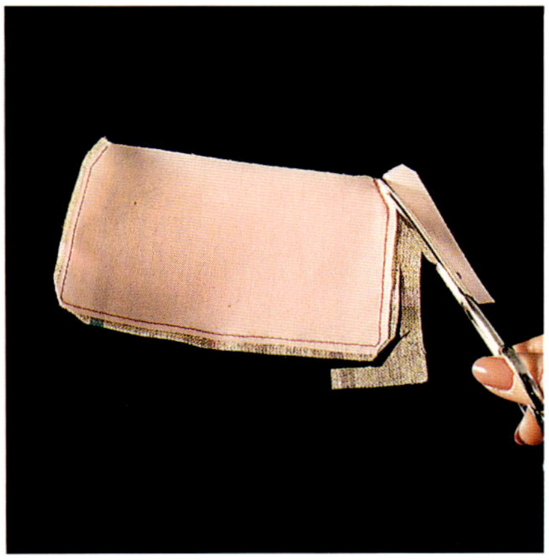

2) **Das Futter** an den Außenkanten feststeppen, Rundungen mit verkürzten Stichen, Ecken mit kleinen Schrägstichen steppen. Die Nahtzugaben stufig und Ecken schräg beschneiden, Rundungen einknipsen.

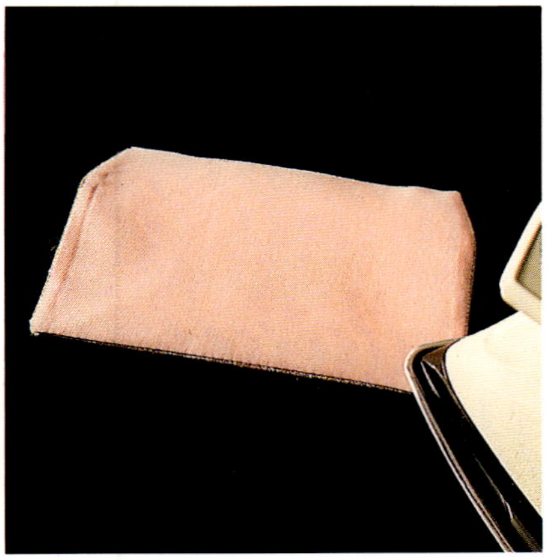

3) **Die Klappe** wenden und von links so bügeln, daß die Naht auf die Unterseite rollt. Die Klappe nach Wunsch absteppen.

## Eine Taschenklappe für eine aufgesetzte Tasche ansetzen

1) **Die Klappe** so aufheften, daß die Ansatznaht 1,3 cm von der oberen Taschenkante entfernt liegt und die Seitenkanten 3 mm überstehen.

2) **Feststeppen** und die Nahtenden sorgfältig verriegeln. Die Nahtzugaben auf knapp 6 mm Breite zurückschneiden.

3) **Zum Schluß** die Klappe nach unten legen, bügeln, den Bruch 6 mm breit absteppen. Die Fadenenden nach innen ziehen, verknoten.

## Eine Taschenklappe für eine Paspeltasche ansetzen

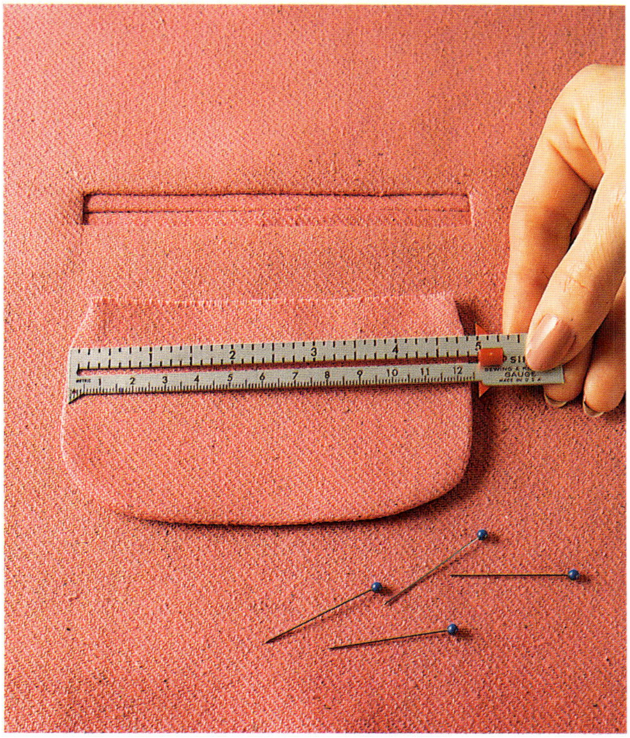

1) **Die Paspeltasche,** wie auf Seite 67–69 erklärt, bis einschließlich Punkt 13 arbeiten. Den Tascheneingriff ausmessen und die Klappe 3 mm kürzer zuschneiden. Die Klappe arbeiten (S. 70).

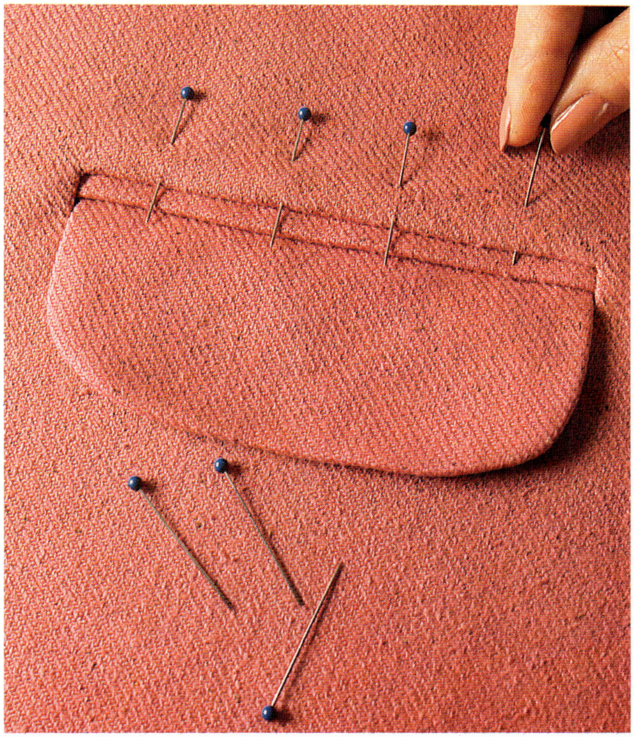

2) **Die Klappe** zwischen oberer Paspel und Taschenbeutel schieben. So feststecken, daß Paspelnaht und Klappenansatznaht genau aufeinanderliegen. Die Tasche nach Punkt 14–18 (S. 69) fertigstellen.

# Reiß-verschlüsse

## Der einseitig verdeckte Reißverschluß mit Taillenbesatz

Die weitaus meisten Hosen und Röcke werden heutzutage mit einem Reißverschluß geschlossen. Bei der hier vorgestellten Verarbeitungsmethode für einen einseitig verdeckten Verschluß brauchen Sie beim Einnähen kaum noch die Hände zu Hilfe zu nehmen, sondern können fast alles der Maschine überlassen.

Die folgende Anleitung bezieht sich auf den rückwärtigen Verschluß eines Rocks, gilt sinngemäß aber auch für Seiten- und Vorderverschlüsse.

### Einen einseitig verdeckten Reissverschluss mit Taillenbesatz einnähen

1) **Die Verschlußkanten** des Taillenbesatzes am Untertritt um 1,3 cm, am Übertritt um 2 cm zurückschneiden. Die Besatzteile mit Bügeleinlage verstärken, aneinandernähen und die untere Kante versäubern.

2) **Die Reißverschlußlänge** zwischen den Stoppern messen, 2,5 cm zugeben. Die Lage des unteren Stoppers auf der Nahtzugabe markieren. Die Mittelnaht bis zur Markierung schließen. Die Nahtzugabe des Untertritts 1,3 cm, die des Übertritts 1,5 cm umbügeln.

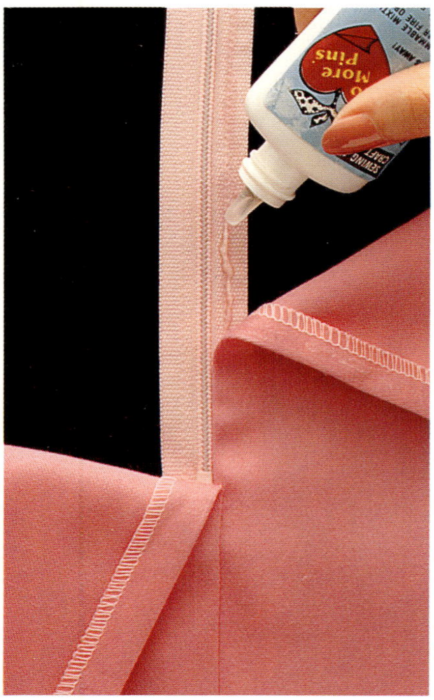

3) **Den Untertritt** entlang der Zähnchen mit Fixierstift oder Stoffkleber so auf den Reißverschluß heften, daß der untere Stopper genau auf die Markierung trifft.

4) **Die Nahtzugabe des Untertritts** ausklappen. Den Reißverschluß vom unteren Stopper aus dicht neben den Zähnchen aufsteppen, dabei den Verschluß vor Erreichen des oberen Stoppers ein Stück aufziehen.

5) **Den Reißverschluß** wieder zuziehen. Den Übertritt ca. 3 mm über den Untertritt legen und feststecken.

6) **Die Nahtzugabe des Übertritts** ausklappen und das zweite Reißverschlußband von oben nach unten so aufheften, daß es knapp über die Kante hinausragt.

7) **Den Reißverschluß öffnen**, die Hälften nach rechts umlegen, den Taillenbesatz darüberstecken und rechts auf rechts 6 mm breit an die Nahtzugaben der Schlitzkanten steppen.

8) **Die Nähte** von Oberstoff und Besatz rechts auf rechts aufeinanderstecken; dabei sollten die Reißverschlußbänder flach-, die Zähnchen in den Bruchkanten liegen. Den Besatz an die Taillenkante steppen.

9) **Die Nahtzugaben** stufig zurückschneiden. Den Besatz nach innen wenden, bügeln und so weit wie möglich bis an den Reißverschluß heran untersteppen. Den Übertritt absteppen. Haken und Ösen annähen.

# Der beidseitig verdeckte Reißverschluß mit Kantenbesatz

Hier zeigen wir Ihnen, wie Sie einen beidseitig verdeckten Reißverschluß samt Kantenbesatz schnell und einfach mit der Nähmaschine einnähen können.

Beidseitig verdeckte Reißverschlüsse finden Sie häufig an Halsausschnitten, aber auch als Mittelverschlüsse in Röcken und Hosen.

## Einen beidseitig verdeckten Reissverschluss mit Kantenbesatz einnähen

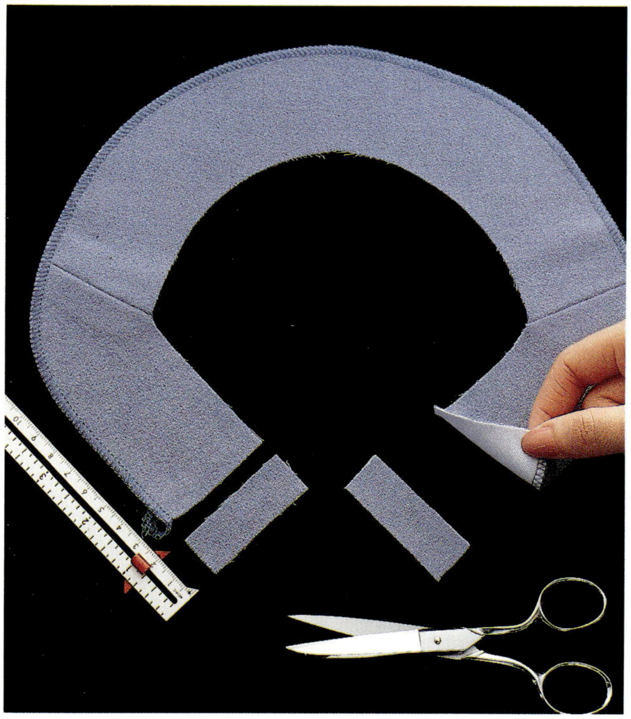

1) **Die Kanten** der rückwärtigen Halsausschnittbesätze 2 cm breit zurückschneiden. Den Besatzteilen Einlage unterbügeln. Die Besatzteile an den Schulternähten verbinden und die äußere Besatzkante versäubern.

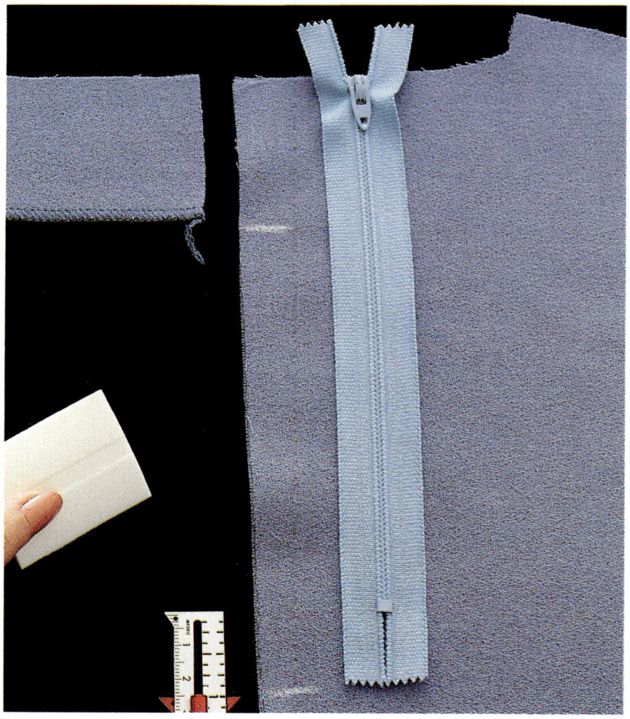

2) **Die Länge des Reißverschlusses** ausmessen, 2,5 cm für die obere Nahtzugabe zugeben. Die Lage des unteren Stoppers und die Breite des Besatzes auf der Nahtzugabe der Schlitzkante markieren.

3) **Die Naht** bis zur Stoppermarkierung steppen, den Schlitz zuheften. Die Heftnaht an der Besatzmarkierung einknipsen. Die Schlitz- und Nahtzugaben auseinanderbügeln.

4) **Den Reißverschluß** mit der Oberseite nach unten zeichengemäß von links über die Naht legen und mit der Maschine auf die Nahtzugaben heften.

5) **Die Heftnaht** oberhalb der Besatzmarkierung entfernen. Den Reißverschluß öffnen, die Schmalkanten des Besatzes mit 6 mm Nahtzugabe an die Schlitzkanten steppen.

6) **Den Besatz** rechts auf rechts und Naht auf Naht an den Halsausschnitt stecken. Die Schlitzzugaben nach außen umlegen und zusammen mit dem Besatz feststeppen.

7) **Die Nahtzugaben** stufig zurückschneiden, Rundungen einknipsen. Die Nahtzugaben so weit wie möglich bis an den Reißverschluß heran untersteppen.

8) **Eine Schlitzkante,** an der Stoppermarkierung beginnend, von rechts absteppen. Dann das Schlitzende quer, anschließend die zweite Kante absteppen. Haken und Öse annähen.

# Säume

Säume lassen sich zwar in vielen Fällen auch mit der Maschine annähen, am professionellsten aber wirken handgearbeitete, mit Hexenstichen befestigte Säume.

**Saumzugabe:** Sie sollte in der Regel bei Jacken höchstens 5 cm und bei Ärmeln 4 cm betragen. Jacken werden nach Annähen des Kragens und vor Einnähen des Futters, Ärmel am besten noch vor dem Einsetzen gesäumt.

**Nahtzugaben:** Um Verdickungen zu vermeiden, sollten innerhalb der Saumbreite alle Nahtzugaben um etwa die Hälfte zurückgeschnitten werden.

**Kantenversäuberung:** Bei gefütterten Kleidungsstükken werden die Schnittkanten der Saumzugaben durch das Futter verdeckt, so daß sie (außer bei stark fransenden oder dehnbaren Stoffen) nicht unbedingt versäubert werden müssen. Auch bei Saumzugaben, die mit Bügeleinlage verstärkt wurden, ist eine Versäuberung meist überflüssig. In allen anderen Fällen sollten Sie eine Technik wählen, die möglichst wenig aufträgt.

**Bügeln:** Bügeln Sie den Saum sorgfältig, bevor Sie ihn annähen. Bei gerundeten Säumen müssen Sie die Saumzugabe an der Schnittkante gleichmäßig auf die Weite des Oberstoffs einhalten.

## Handgearbeitete Säume

Mit hohlen Hexenstichen oder Blindsaumstichen angenäht, die zwischen den Stofflagen gearbeitet werden, ist die Saumnaht sogar von innen nahezu unsichtbar. Beim Säumen von Hand kommt es vor allem darauf an, den Faden nur locker anzuziehen, so daß zwischen den Stofflagen etwas Spiel bleibt und die Saumnaht sich auch nach dem Bügeln nicht als harte Kante abzeichnen kann.

### Einen Saum von Hand annähen

1) **Die Saumzugabe** an der Bruchlinie nach innen umbügeln. Den Saum wieder aufklappen und die Nahtzugaben auf die Hälfte zurückschneiden. Dann den Saum dicht an der Bruchkante festheften.

2) **Den Saum** ausgiebig dämpfen, um so die überschüssige Weite der Saumzugabe schonend einzuhalten. Dabei nicht über die Schnittkante bügeln, damit sich diese nicht auf dem Oberstoff abzeichnet.

**Bei gefütterten** Kleidungsstücken den Saum mit Hexenstichen annähen. Dabei mit lockeren Stichen von links nach rechts arbeiten und auf dem Saum 1–2 Gewebefäden, auf dem Oberstoff unmittelbar neben der Saumkante nur einen Faden fassen.

**Bei ungefütterten** Kleidungsstücken wird der Saum mit hohlen Hexenstichen befestigt: Den Saum unterhalb der versäuberten Schnittkante festheften, die Kante nach unten umlegen und die Hexenstiche wie beschrieben zwischen Saum und Oberstoff arbeiten.

**1) Am Schlitzende** die Nahtzugabe des Untertritts schräg bis an die Naht einschneiden. Am Untertritt die Nahtzugabe, am Übertritt den angeschnittenen Besatz nach innen umbügeln.

**2) Am Übertritt** eine Briefecke arbeiten. Dazu den Saum nach innen umbügeln und Saum und Besatz jeweils am Kreuzungspunkt einknipsen.

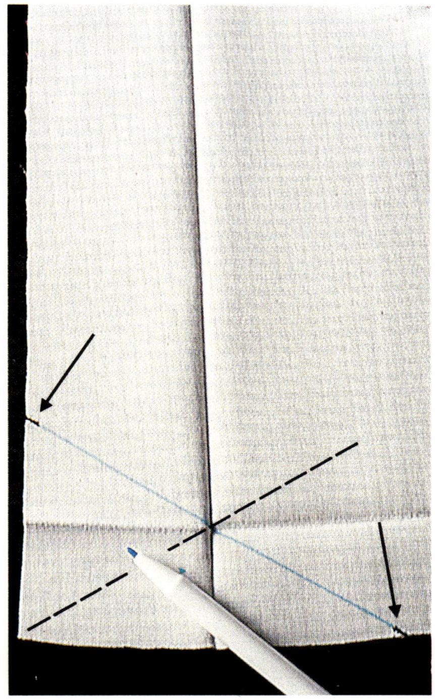

**3) Die Ecke aufklappen.** Zwischen den Einschnitten (Pfeile) durch den Kreuzungspunkt der Brüche eine Linie ziehen. Die Ecke rechts auf rechts und Einschnitt auf Einschnitt treffend falten (gestrichelte Linie).

**4) Saum und Besatz** entlang der markierten Linie aufeinandersteppen. Die Nahtzugaben auf 6 mm zurückschneiden und auseinanderbügeln. Die Ecke wenden.

**5) Am Untertritt** den Saum nach außen umlegen und aufsteppen. Die Nahtzugaben auf 6 mm Breite beschneiden und auseinanderbügeln. Den Saum wenden. Saum- und Schlitzzugaben ansäumen.

**6) Die Schlitzkanten** aufeinanderlegen und das Schlitzende von links durch alle Stofflagen hindurch schräg absteppen. Die Nahtzugaben stufig schneiden.

# Maschinengesteppte Säume – die zeitsparende Alternative

Lange Zeit wurden maschinengesteppte Säume bestenfalls für Kindersachen oder strapazierfähige Sport- und Freizeitkleidung akzeptiert. Dabei können akkurat gearbeitete Steppsäume in Verbindung mit den richtigen Stoffen sehr dekorativ aussehen.

Ein anderer Gesichtspunkt, der eindeutig zugunsten des Steppsaums ausfällt, ist die Zeitersparnis. Zumal, wenn man sich darüber hinaus noch eine äußerst praktische Erfindung der Zubehörindustrie zunutze macht: fertig zugeschnittene, beidseitig haftende Saumbänder, die, zwischen Saumzugabe und Oberstoff gelegt und festgebügelt, auch noch das Heften überflüssig machen.

Auch beim Ausmessen und Markieren läßt sich durch rationelle Techniken eine Menge Zeit sparen. Bei gerade fallenden Säumen und offensichtlich parallel zum Fußboden verlaufenden Schnittkanten zum Beispiel reicht es oft aus, die Saumbruchlinie mit einer einzigen Stecknadel zu markieren und dann die restliche Saumzugabe von der Schnittkante aus abzumessen.

Selbst bei Hosensäumen kommt man, wenn es einmal schnell gehen soll, mit vier Stecknadeln pro Hosenbein aus, die an der vorderen und hinteren Mitte und an den Nähten eingesteckt werden. Danach wird die Saumzugabe umgebügelt und nach Augenmaß beschnitten.

## Drei Methoden, Säume mit der Maschine zu steppen

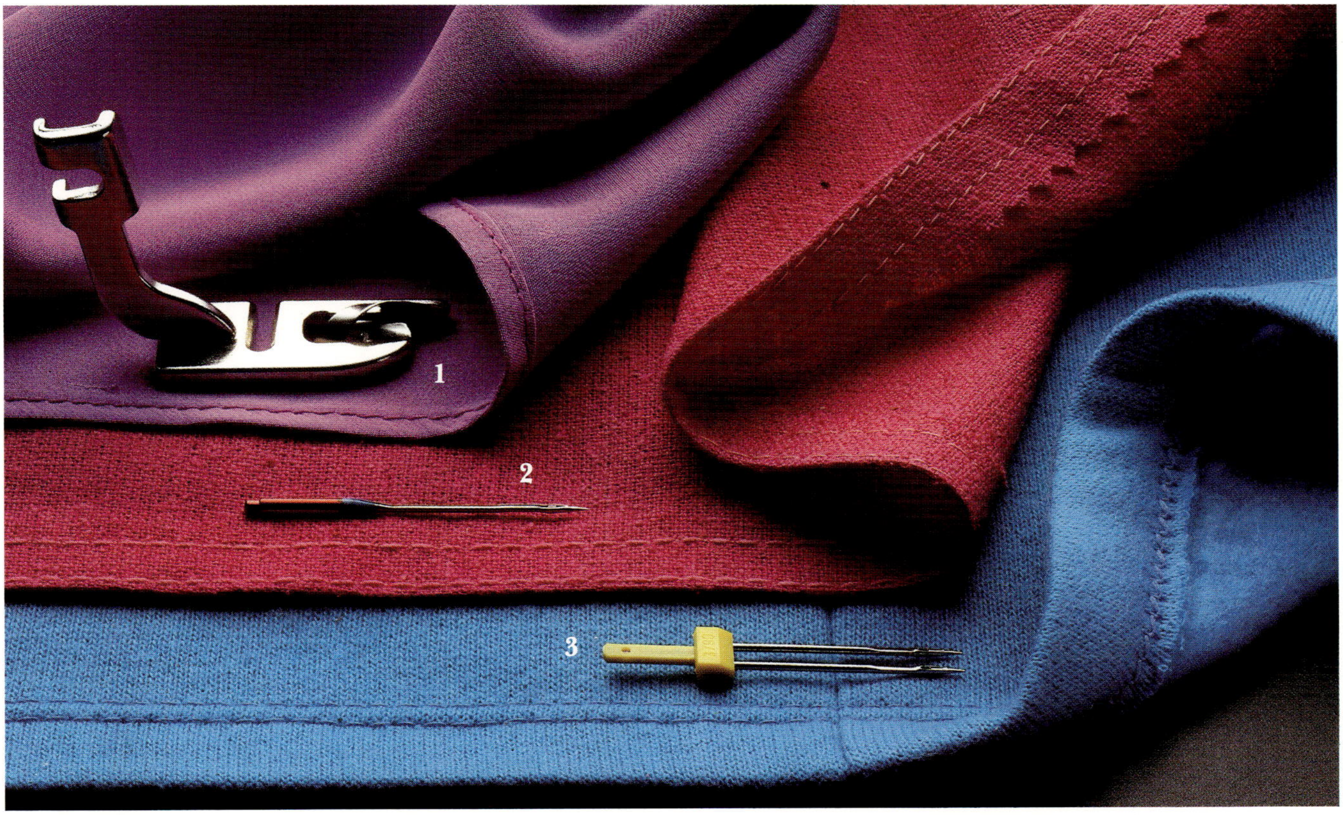


**Schmale Säume (1)** lassen sich am einfachsten mit einem speziellen Saumfuß steppen, der die Saumzugabe automatisch nach innen umlegt. Die so entstandenen, ca. 3 mm breiten Säume brauchen dann nicht einmal gebügelt zu werden. Diese Saumverarbeitung eignet sich vor allem für leichtere Stoffe, wobei sich gerade Säume in der Regel einfacher verarbeiten lassen als runde. Bei abgesteppten Säumen **(2)** hingegen spielt die Saumbreite keine Rolle. Bei leicht fransenden Stoffen sollte die Saumkante jedoch zuvor mit der Zackenschere versäubert werden; bei Strickstoffen wiederum verhindert eine zweite Naht, daß sich die Kante einrollt. Ein ähnlicher Effekt läßt sich mit Zwillingsnadeln **(3)** erzielen. Dabei werden die Unterfäden beider Nadeln zu einer Art Zickzacknaht verschlungen, während auf der Oberseite zwei parallel verlaufende Geradstichnähte erscheinen.

## Einen Saum mit Einlageband festbügeln

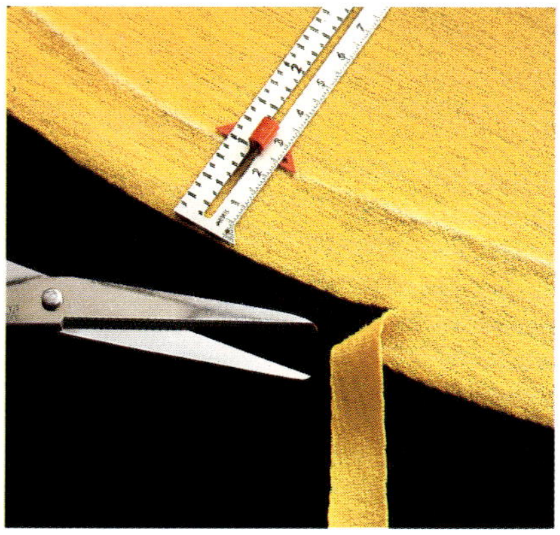

**1) Die Saumzugabe** auf die Breite des Saumbandes plus ca. 5 mm zurückschneiden. Der Saum sollte etwas breiter sein als die Einlage, damit er sich beim Bügeln nicht auf der rechten Seite durchdrückt.

**2) Das Saumband** 5 mm unterhalb der Saumkante auf die Saumzugabe legen, bei gerundeten Säumen an der Außenkante in kurzen Abständen einschneiden und aufbügeln.

**3) Das Schutzpapier** abziehen. Den Saum umlegen und von innen unterhalb der Saumkante mit der Spitze des Bügeleisens Stück für Stück festbügeln, dabei die überschüssige Saumweite leicht einhalten.

## Einen Blindsaum mit der Maschine nähen

**1) Die Saumzugabe** nach innen umlegen. Dann beide Stofflagen so nach außen umklappen, daß die Saumkante ca. 5 mm übersteht, und feststecken. Den Blindsaumfuß oder zusätzlich zum Mehrzweckfuß eine Blindsaumführung einsetzen.

**2) Mit großen Stichen** den Saum feststeppen. Die Nadel so einstellen, daß die Zickzackstiche gerade eben noch die Bruchkante erfassen. Denn je weniger Oberstoff mitgefaßt wird, desto weniger wird später auf der rechten Seite von der Naht zu sehen sein.

## Faltenverarbeitung an einer Saumkante

**1) Die innere Faltennaht** am Saum ein Stück offenlassen. Das Kleidungsstück säumen. Erst danach die Naht durch alle Stofflagen hindurch fertigsteppen.

**2) Die Nahtzugaben** im Saumbereich schräg zurückschneiden, um Verdickungen zu vermeiden, und zusammengefaßt versäubern.

## Drei schnelle Methoden, einen Jacken- oder Mantelsaum mit Einlage zu verstärken

**Mit aufbügelbarer Roßhaareinlage.** Die Einlage auf Saumbreite (für weiche Kantenverarbeitung) in der echten Schräge zuschneiden und von links auf die Saumzugabe bügeln.

**Mit Roßhaar-Näheinlage.** Die Einlage schräg auf Saumbreite zuschneiden. 2 cm breites, aufbügelbares Saumband auf die Saumzugabe legen und die Einlage mit Hilfe des Bandes auf den Saum bügeln.

**Mit aufbügelbarem Kantenband.** Nur für gerade Säume geeignet. Das Band 4 cm breit auf die Saumlängen zwischen den Nähten zuschneiden. Das Band mit der perforierten Kante an den Saumbruch anlegen und auf die Saumzugabe bügeln.

## Drei schnelle Methoden, einen Jacken- oder Mantelsaum zu befestigen

**Durch Anbügeln.** Den mit Einlage verstärkten Saum umbügeln und beidseitig der Nähte mit 2,5 cm langen aufbügelbaren Saumbandstreifen befestigen.

**Durch Steppriegel.** (Vor allem für dicke Stoffe gut geeignet.) Den mit Einlage verstärkten Saum umbügeln und mit kleinen Steppriegeln auf die Nahtzugaben steppen.

**Durch Absteppen.** Den mit Einlage verstärkten Saum umbügeln und von rechts in den Nahtrillen der Verbindungsnähte durch alle Stofflagen hindurch feststeppen.

Handnähgeräte steppen einzelne Stiche, mit denen sich Säume vorübergehend sicher befestigen lassen. Dazu wird die Saumkante unter die Lasche gelegt und durch wiederholtes Zusammendrücken des Handhebels nach und nach festgesteppt. Zum Schluß werden die Fäden mit dem eingebauten Fadenschneider abgeschnitten.

# Einen Saum reparieren

Zwar lassen sich abgerissene Säume notfalls auch in wenigen Minuten mit selbsthaftendem Reparaturband, aufbügelbarem Saumband, Stoffkleber oder einem kleinen Handnäher zumindest provisorisch reparieren, doch wenn Sie etwas mehr Zeit erübrigen können, sollten Sie sich die Mühe machen, den Saum gleich wieder richtig zu befestigen. Dabei müssen Sie gegebenenfalls natürlich auch eine beschädigte Kanteneinfassung erneuern.

Für handgenähte Reparaturen eignen sich alle gängigen Saumstiche. So etwa der Blindstich für versäuberte Webstoffkanten, der Hexenstich für flache Hosen- oder Stricksäume oder der Staffierstich für eingeschlagene Saumkanten.

Mit der Nähmaschine geht es natürlich schneller, zudem sind maschinengesteppte Säume durchweg haltbarer als handgenähte. Und in schwereren, strukturierten Stoffen ist ein maschineller Blindsaum fast genauso unauffällig wie ein handgenähter.

Wenn Sie unsicher sind, welche Technik für Ihren Stoff die richtige ist, schauen Sie sich den noch intakten Originalsaum an und übernehmen Sie einfach die Technik des Herstellers. Bei Overlock-Säumen geht das natürlich nur, wenn Sie selbst eine Overlock besitzen. Industriell genähte Säume sind leider häufig mit einem blinden Kettstich gearbeitet, der sich schnell aufribbelt, sobald man an einem harmlos herunterhängenden Faden zieht. In diesem Fall sollten Sie besser gleich den ganzen Saum abtrennen und mit einem geeigneten Handstich wieder annähen.

## Schnelle Reparaturen in Notfällen

**Mit Reparaturband.** Das Band mit der beschichteten Seite entlang der alten Saumnaht auf den Oberstoff legen und fest andrücken. Das Schutzpapier abziehen und den Saum zuerst an den Enden und den Nähten, dann auch an den übrigen Kanten fest auf das Band pressen. Vor dem Waschen oder Reinigen muß das Band allerdings wieder entfernt werden.

**Mit Stoffkleber.** Stoffkleber ist wasch-, aber nicht reinigungsbeständig. Testen Sie an einer Nahtzugabe, ob er „Farbe zieht" oder auf die rechte Seite durchschlägt. Den Kleber in einer dünnen Linie auf die Saumkante auftragen, den Saum umlegen und den Überschuß mit einem feuchten Tuch abnehmen. Leicht andrücken, feststecken und trocknen lassen.

**Doppelseitige Bügeleinlage** ist als Meterware oder in vorgeschnittenen Streifen erhältlich. Meterware ist meist günstiger, muß vor Verwendung jedoch noch in 1–2 cm breite Streifen geschnitten werden, die dann zwischen die Stofflagen gelegt und nach Herstelleranweisung aufgebügelt werden.

**Ausgefranstes Naht- oder Stoßband** auswechseln. Zuerst das alte Band abtrennen. Das neue Band von rechts so aufsteppen, daß es ca. 5 mm übersteht und die Enden an einer Naht überlappen. Die lose Kante mit Blindstichen ansäumen.

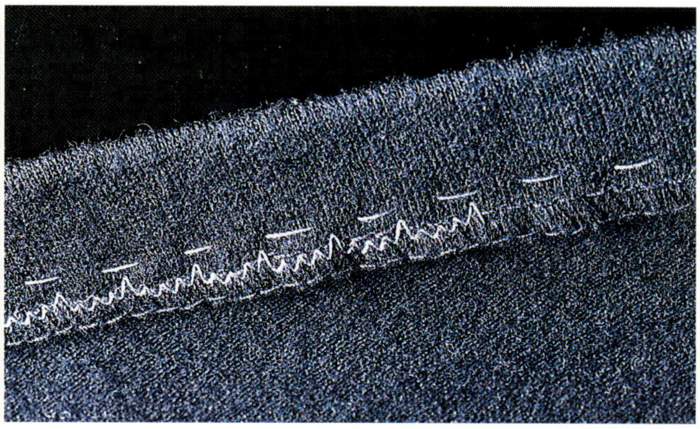

**Blindsäumen mit der Maschine** eignet sich für Strickstoffe und strukturierte Materialien. Dazu den Saum 6 mm von der Schnittkante entfernt festheften, dann mit der Saumzugabe nach unten auflegen und den Oberstoff an der Heftnaht zurückklappen. Darauf achten, daß die Bruchkante nur von den Zickzackstichen erfaßt wird.

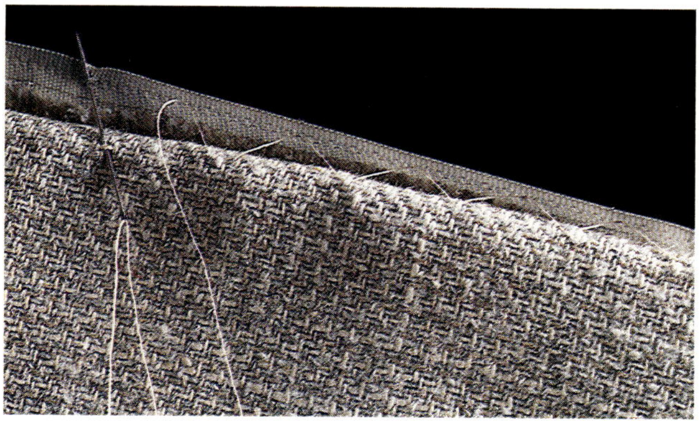

**Blindsäumen** eignet sich vor allem für versäuberte Saumkanten. Die Saumkante ca. 5 mm umlegen und von rechts nach links in Abständen von 0,5–1 cm jeweils einen Stich in den Oberstoff und einen in die Saumkante arbeiten, dabei im Oberstoff nicht mehr als 1–2 Gewebefäden fassen. Den Faden nicht zu fest anziehen.

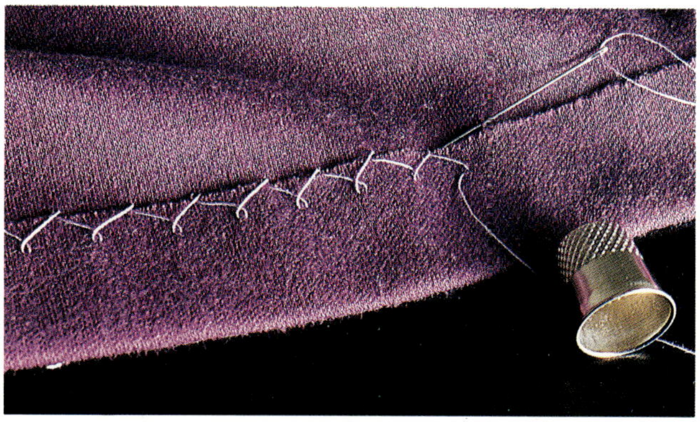

**Hexenstiche** sind ideal für Strickstoffe, da sich die Naht mit dem Stoff dehnen kann und die Saumzugabe flach aufliegt. Dazu werden von links nach rechts im Abstand von 5 mm kleine waagerechte Stiche abwechselnd in die Saumzugabe und in den Oberstoff gearbeitet.

**Durch Absteppen** lassen sich Säume in einem Arbeitsgang versäubern und verzieren. Den Saum 4 cm breit nach innen umlegen (bei leicht fransenden Stoffen zusätzlich die Schnittkante einschlagen) und feststecken. Dann die Saumkante von rechts 2,5 cm breit durch alle Stofflagen feststeppen.

# Gummismoks

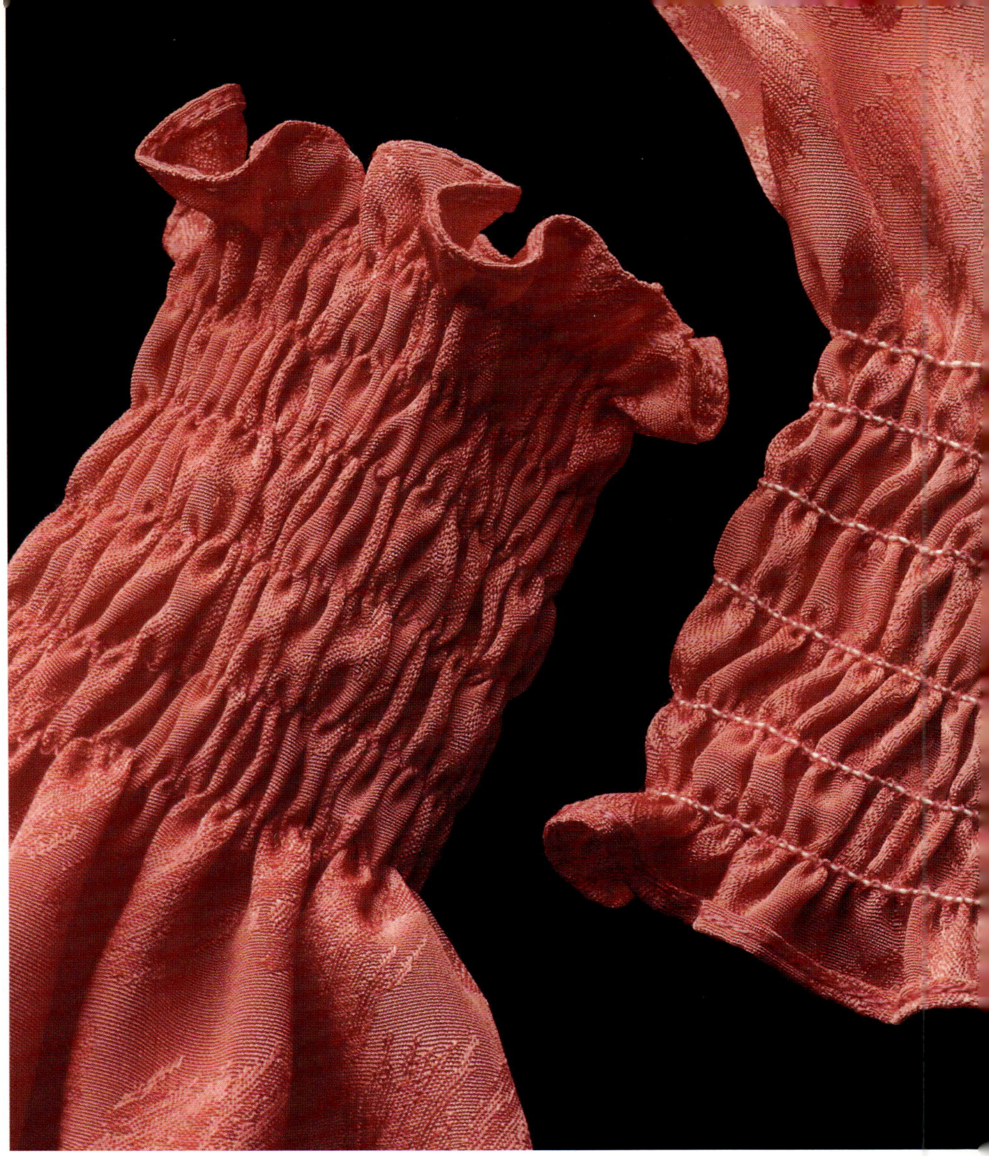

Mehrreihige Gummismoks sind, vor allem bei leichten Stoffen, eine hübsche Alternative zu Bündchen oder Kräuselabschlüssen. Sie lassen sich nicht nur einfacher und schneller arbeiten als klassische Sticksmoks, sondern aufgrund ihrer Elastizität auch bequemer tragen.

Ein Gummismok besteht aus einer Anzahl Gummifäden, die auf der linken Stoffseite mit Zickzackstichen übersteppt und anschließend auf Körpermaß angezogen werden.

## Einen Gummismok arbeiten

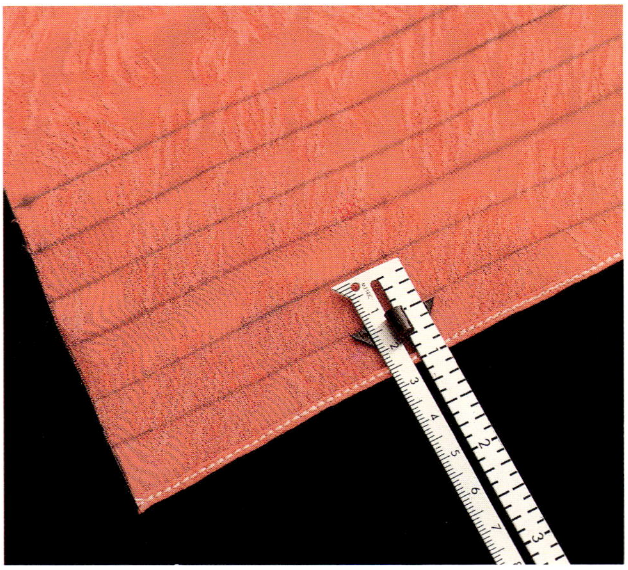

1) **Die letzte Naht** im Smokbereich vorerst noch offenlassen. Die Smoklinien auf der linken Stoffseite im Abstand von 1–2 cm mit Kreide oder einem wasserlöslichen Markierstift einzeichnen.

2) **Gummifäden**·auf die markierten Linien legen und mit einem schmalen Zickzackstich übersteppen. Der Stich sollte gerade breit genug sein, um über die Gummifäden zu greifen, ohne sie festzusteppen. An allen Nahtenden die Gummifäden ca. 10 cm überstehen lassen.

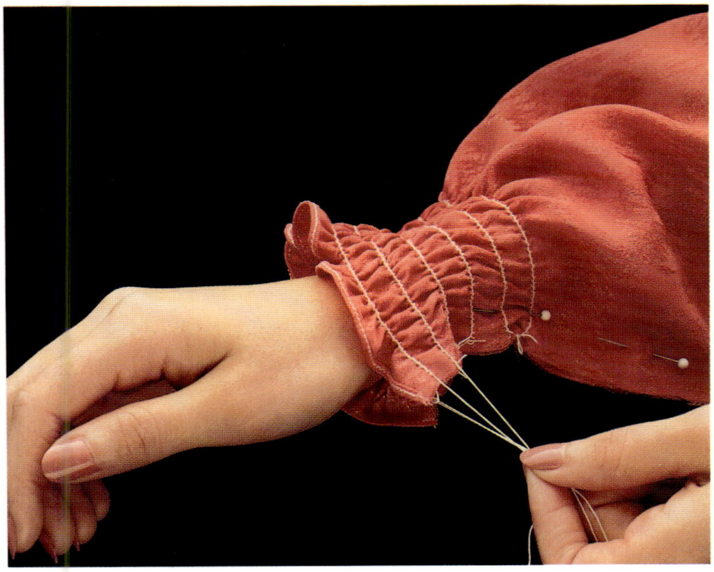

3) **Die noch offene Naht** zustecken. Das Kleidungsstück mit der linken Seite nach außen anprobieren. Die Gummifäden paarweise auf Körpermaß anziehen, miteinander verknoten und die überstehenden Enden abschneiden.

4) **Mit kleinen Stichen** die Naht zusteppen, während des Steppens die Knoten der Gummifäden seitlich außer Reichweite des Nähfußes ziehen. Dann die Naht zur Verstärkung ein zweites Mal steppen und die Nahtzugaben versäubern.

# Kräuselband

Smokähnliche Effekte lassen sich auch mit Kräuselbändern erzielen, die in der Konfektion schon seit langem genutzt werden und inzwischen auch für Hobbynäherinnen erhältlich sind.

Der Smokeffekt entsteht dadurch, daß das Band in mehreren Reihen zwischen eingewebten farbigen Gummifäden aufgesteppt wird. So bleiben diese Gummifäden immer in sicherer Entfernung von der Nadel, können nicht festgesteppt oder verletzt werden und lassen sich obendrein auch noch als „Kantenlineal" nutzen.

Kräuselband ist leichter und weicher als andere Gummibänder, daher auch besonders bequem und für Sport- und Freizeitkleidung geradezu ideal. Weil es sich zudem auch sehr viel stärker dehnt, empfiehlt es sich, vor dem Aufsteppen die tatsächlich benötigte Länge an einem Probebund zu testen.

## Kräuselband aufsteppen

1) **Das Band** ca. 7,5–12,5 cm enger als das Taillenmaß zuschneiden. Die Enden mit Zickzackstichen aufeinandernähen. Die Taillenkante 1,5 cm breit umbügeln. Kräuselband und Taillenkante in vier gleiche Abschnitte aufteilen und mit Stecknadeln markieren.

2) **Unterhalb der Bruchkante** (5 mm) das Band so über die umgelegte Nahtzugabe stecken, daß die Stecknadelmarkierungen genau aufeinandertreffen. Das Band mit nicht zu kleinen Stichen zwischen den Gummifäden auf Kantenweite gedehnt aufsteppen.

## Einen Gummizug in der Taille arbeiten

1) **Den Taillenkanten** ca. 2 cm breite Nahtzugaben anschneiden. Die Taillennaht schließen und die Zugaben nach oben bügeln.

2) **Die Nahtzugabe des Oberteils** auf 5 mm zurückschneiden. Die Rockzugabe 5 mm breit nach innen umbügeln.

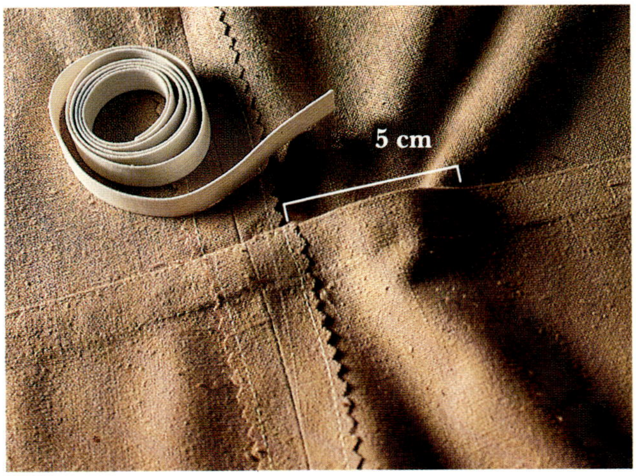


3) **Die umgebügelte Zugabe** knappkantig aufsteppen, dabei eine 5 cm lange Öffnung lassen.

4) **Das Gummiband** einziehen, die Enden fest aufeinandernähen und die Nahtöffnung zusteppen.

# Details als Blickfang

Schöne Details, das sind die kleinen Extras, mit denen Sie auch aus einem schlichten Kleidungsstück etwas Besonderes machen und jedem noch so simplen Schnitt Ihre ganz persönliche Note geben können.

Dabei spielt neben der Art der Detailgestaltung die Wahl des Materials eine wichtige Rolle. Denn mit Kanteneinfassungen, Straßbesätzen, Applikationen und Lederpaspeln lassen sich völlig unterschiedliche Effekte erzielen.

Einige der auf den folgenden Seiten vorgestellten Verarbeitungstechniken sind ganz einfach nachzuarbeiten, andere verlangen etwas mehr Geduld und Geschick. Doch nicht immer ist die komplizierteste Technik für das betreffende Kleidungsstück auch die vorteilhafteste. Ausschlaggebend ist vielmehr, was Sie daraus machen. Gefragt sind vor allem Einfallsreichtum und Kreativität und ein gewisses Gespür für die Wirkung von Harmonien und Kontrasten.

Kreativ verarbeitete Kanten sind eine erfreuliche Alternative zu den ewig gleichen Säumen und Besätzen. Die Beispiele, die wir Ihnen hier vorstellen, sind zeitlose Klassiker der Schneiderei, die sich problemlos fast jedem Stil anpassen.

Dekorative Nähte sind oft das Ergebnis unkonventioneller Verarbeitungsmethoden. So werden Nahtzugaben, normalerweise im Innern des Kleidungsstücks versteckt, unbekümmert nach außen verlegt und deutlich sichtbar aufgesteppt. Eine andere beliebte Variante sind Paspeln, die mit in die Nähte gefaßt werden (S. 92/93).

Übrigens: Auch Applikationen, Spitzeneinsätze und Paillettenstickereien müssen Sie bei fertig gekaufter Kleidung meist sehr teuer bezahlen. Es lohnt sich also, auch in diesem Fall selbst Hand anzulegen und den zusätzlichen Aufwand an Zeit und Arbeit in Kauf zu nehmen.

# Kreative Kantenverarbeitung

Bevor Sie darangehen, die Kanten Ihres neuen Stücks wie gewohnt mit den üblichen Besätzen und Säumen zu versäubern, sollten Sie versuchen, Ihr bisheriges Werk einmal mit anderen Augen zu betrachten. Ließe sich nicht mehr daraus machen? Durch eine Einfassung mit Wildlederimitat oder kontrastfarbenen Bändern zum Beispiel, oder durch eine elegante Paspelierung?

## Einfassungen

Am besten eignen sich nichtfransende Materialien wie etwa Wildlederimitat. Verarbeitet wird es ähnlich wie bei der sogenannten Hongkong-Einfassung zur Versäuberung von Nahtkanten. Wildleder ist ein geradezu ideales Material für Doubleface, aber auch für schwere, stark auftragende Stoffe. Werden solche Stoffe eingefaßt, kann man in vielen Fällen ganz auf die Besätze verzichten, vor allem, wenn ersatzweise das Futter bis an die Kanten heran zugeschnitten wird.

Einfassungen mit Stoffstreifen werden ähnlich wie Wildlederimitat gearbeitet, nur daß sie meist schräg zugeschnitten und innen von Hand gegengesäumt werden. Bei kontrastfarbenen Einfassungen sollten Sie darauf achten, daß sich die Streifen in Struktur, Farbe und Schimmer deutlich von dem Material des Kleidungsstücks abheben. Für Tweed und andere kräftig strukturierte Stoffe sind zum Beispiel Wollflanell, Gabardine oder Wollcrêpe die passende Ergänzung. Bei glatten, nicht allzu leichten Stoffen wiederum können Sie die Kanten auch mit dekorativen Borten und Bändern einfassen, die, wenn sie feste Kanten haben, auch flach aufgesteppt werden können.

Je nach Stoffart und Stil des Kleidungsstücks läßt sich die Wirkung der Einfassungen noch verstärken, indem die gleichen Streifen, Bänder oder Borten mit in die Teilungsnähte gefaßt werden oder nachträglich darübergesteppt wird.

### Eine Kante mit Wildlederimitat einfassen

1) **Den Wildlederstreifen** dreimal so breit wie die fertige Einfassung plus 6 mm Zugabe zuschneiden, rechts auf rechts feststecken und in der für die Einfassung gewünschten Breite aufsteppen.

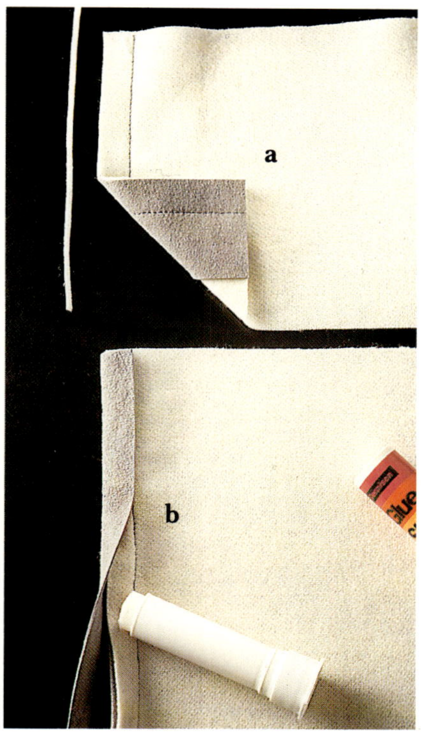


2) **Die Schnittkanten** bündig schneiden **(a)**. Den Streifen um die Schnittkanten herum nach innen umlegen und mit Fixierstift oder Stoffkleber (ausprobieren!) anheften **(b)**.

3) **Die innere Streifenkante** von rechts durch die Nahtrille der Ansatznaht hindurch feststeppen und bis dicht an die Naht zurückschneiden.

## Eine Rundung mit einem Stoffstreifen einfassen

1) **Den Einfaßstreifen** aus farblich passendem oder kontrastierendem Stoff in der vierfachen Breite der fertigen Einfassung plus 0,5–1 cm Zugabe in der echten Schräge zuschneiden.

2) **Den Stoffstreifen** zuerst unter Dampf leicht dehnen (**a**), dann der Länge nach doppelt bügeln (**b**). Den Streifen wieder aufklappen und die Kanten zur Mitte umbügeln (**c**). Zuletzt den fertig gefalteten Streifen der Kantenrundung entsprechend in Form bügeln (**d**).

3) **Die Nahtzugaben** des Kleidungsstücks abschneiden. Den Streifen aufklappen und rechts auf rechts aufstecken (eventuelle Ecken als Briefecken arbeiten, siehe S. 91).

4) **Den Einfaßstreifen** über die ganze Länge der Kante in der Breite der fertigen Einfassung gleichmäßig aufsteppen.

5) **Den Streifen** um die Naht herum zur Kante gerichtet bügeln, dann im Mittelbruch nach innen umlegen und den Innenbruch von Hand gegen die Ansatznaht säumen.

## Eine Wildledereinfassung mit Briefecke arbeiten

1) **Den Lederstreifen** rechts auf rechts genau bis auf die gewünschte Einfaßbreite an die Ecke heran auf die senkrechte Stoffkante steppen.

2) **Im rechten Winkel** zur Seite umlegen und die Stelle, an der die Innenkante des Streifens auf die Nahtkante trifft, durch einen Einschnitt markieren.

3) **Am Einschnitt** den Streifen erneut falten, auf die untere Stoffkante stecken und genau ab Ende der ersten Naht weiter aufsteppen.

4) **Um die Stoffkanten herum** nach innen umlegen. Der durch das Umlegen des Streifens entstandene Diagonalbruch bildet die Briefecke der rechten Seite.

5) **Den Streifen** auch innen diagonal zu einer Briefecke falten und mit einem Fixierstift befestigen. Nun die innere Streifenkante feststeppen (siehe S. 89).

6) **Bei breiteren Einfassungen** eventuell zur Sicherheit doppelseitiges Einlageband unter die offenen Schrägkanten der Briefecken schieben und festbügeln.

# Paspeln

Fertig gekauftes Paspelband hat an einer Kante eine mehr oder weniger starke, wulstartige Verdickung, die später als einziger Teil des Bandes über die fertige Naht oder Kante hinausragt. Dieser Wulst kann je nach Verwendungszweck als schlichte Schnur oder üppig ornamentiertes Band gearbeitet sein.

Auf unserem Foto zeigen wir Ihnen eine kleine Auswahl aus dem vielfältigen Angebot: geflochtene Schnur- **(a)** und Metallic-Paspel **(b)** für elegante Kleidung, Flachpaspel oder Schrägstreifen **(c)** für Nähte und Kanten gefütterter Jacken und Mäntel, golddurchwirkte Satinpaspel **(d)** für Party- und Abendkleidung, Leder- **(e)**, Wildleder- **(f)** und Jutepaspel **(g)** für Sport und Freizeit.

1) **Das Paspelband** von rechts so aufstecken, daß es auf der Nahtzugabe liegt und der Wulst in das Teil gerichtet ist. An den Ecken das Band bis kurz vor den Wulst einknipsen, damit es flach aufliegt.

2) **An Rundungen** das Band in kurzen Abständen mehrmals einknipsen.

3) **Die Bandenden** möglichst in eine Quernaht fassen, oder überlappend in die Nahtzugaben hinein auslaufen lassen, und nach dem Aufsteppen stufig zurückschneiden.

4) **Mit der Nähmaschine** das Paspelband dicht neben dem Wulst mit dem Reißverschlußfuß festheften.

5) **Das Teil** wenden, rechts auf rechts auf den Besatz oder das zweite Teil stecken und vom Oberstoff aus, an der Heftnaht entlang, knapp neben dem Wulst aufsteppen.

6) **Die Nahtzugaben** zur Seite bügeln, die Teile wenden. In Kanten gefaßte Paspeln sind nicht nur dekorativ, sie dienen auch der Verstärkung und Festigung der Kanten.

# Füttern

Futter ist mehr als nur ein eleganter „Deckmantel" für das meist nicht sehr dekorative Innenleben eines Kleidungsstücks, denn es trägt wesentlich zu seiner Haltbarkeit bei. An Jacken und Mänteln zum Beispiel wirkt das Futter unter den Achseln, über den Schulterblättern und an den Ellbogen wie ein Puffer, der die größte Belastung aufnimmt. Ohne Futter würden Röcke und Hosen im Gesäß-, Schritt- und Kniebereich schnell ausbeulen und vorzeitig unansehnlich werden. Gefüttert aber können ohne weiteres auch dünne oder locker gewebte Stoffe verwendet werden. Helle und halbtransparente Stoffe lassen gefüttert garantiert nichts mehr durchscheinen.

Gefütterte Kleidungsstücke lassen sich auch leichter an- und ausziehen und tragen sich sehr viel bequemer und angenehmer als ungefütterte. Und wer auf „kratzige" Stoffe empfindlich oder auf bestimmte Materialien sogar allergisch reagiert, kommt ohne Futter ohnehin nicht aus.

## Die Auswahl des richtigen Futterstoffs

Zum Füttern können Sie die unterschiedlichsten Stoffe verwenden, vorausgesetzt, sie sind weich und schmiegsam und haben eine verhältnismäßig glatte, leicht gleitende Oberfläche. Außerdem sollte ein Futterstoff der Strapazierfähigkeit halber feingewebt oder -gestrickt sein, dazu möglichst undurchsichtig, um das Darunter wirkungsvoll zu verbergen. Nicht zuletzt sollte er leichter als der Oberstoff sein, damit er nicht noch zusätzlich aufträgt.

Spezielle Futterstoffe werden häufig durch eine komplizierte chemische Vorbehandlung antistatisch, knitterarm, lichtecht und schweißbeständig ausgerüstet. Erhältlich sind sie unter anderem in Form von Taft, Twill- und Jacquardgeweben, Satin, Jersey und Batist. Die meisten Futterstoffe bestehen überwiegend aus Kunstfasern wie Acetat, Polyester und Nylon oder aus einer Fasermischung, seltener aus Naturfasern wie Baumwolle oder Seide.

Apropos Seide: Auch ganz normale Seidenstoffe für Blusen oder Kleider, die Sie in den unterschiedlichsten Farben und Mustern bekommen, lassen sich ohne weiteres zum Füttern verwenden. Wollen Sie zum Beispiel einem eleganten Kostüm eine ganz besondere Note verleihen, können Sie es zum Beispiel mit dem Stoff der dafür vorgesehenen Seidenbluse abfüttern.

Meist wird das Futter farblich möglichst genau auf den Oberstoff abgestimmt. Am besten kaufen Sie das Futter zusammen mit dem Oberstoff. Ist das aus irgendeinem Grund nicht möglich, sollten Sie zum nachträglichen Einkauf zumindest einen ausreichend großen Stoffrest mitnehmen. Wichtig ist, daß Sie das farbliche Zusammenspiel von Stoff und Futter immer auch bei Tageslicht überprüfen.

Aber auch mit Kontrasten und gemustertem Futter lassen sich schöne Effekte erzielen. Dabei sollten Sie allerdings darauf achten, daß Farbe oder Muster des Futters nicht durch den Oberstoff durchschimmern.

Die meisten Futterstoffe sind zwar waschbar und könnten, zumindest theoretisch, zum Vorkrumpfen auch in die Waschmaschine gesteckt werden. Wenn Ihnen jedoch an dem „neuwertigen" Aussehen Ihres Futters gelegen ist, sollten Sie es besser nur ausgiebig dämpfen. Und selbst dann empfiehlt es sich, die Wirkung zuvor an einem Stoffrest auszuprobieren, um sicherzugehen, daß der Stoff sich durch den Dampf nicht verfärbt oder auf andere Art Schaden nimmt.

## Tips für das Zuschneiden des Futters

Die meisten Futterstoffe haben auf der rechten Seite eine mehr oder weniger stark glänzende Oberfläche, die dem Farbton je nach Richtung unterschiedliche Intensität verleiht. Solche Stoffe müssen nach einem Zuschneideplan für Strichstoffe zugeschnitten werden.

Rutschige Futterstoffe sind oft schwierig zu handhaben. Abhilfe schaffen können Sie unter anderem dadurch, daß Sie sie statt rechts auf rechts links auf links falten, den Zuschneidetisch mit einem Bettlaken abdecken und zum Zuschneiden einen Rollschneider, eine besonders scharfe Schere oder auch eine Schere mit gezahnten Klingen verwenden. Verwenden Sie niemals stumpfe Scheren, Sie ruinieren damit jeden Stoff.

# Das Füttern einer Jacke

Das Futter wird normalerweise nach denselben Schnittteilen zugeschnitten wie der Oberstoff. Allerdings müssen Sie dabei einige Besonderheiten beachten. Zum Beispiel: Damit das Futter in jeder Lage bequem sitzt und nirgends spannt, werden in der rückwärtigen Mitte und entlang der Saumkanten sogenannte „Bewegungsfalten" angeschnitten.

Bei allen Schnittmustern, die keine Extrateile für das Futter enthalten, sind in den Schnitteilen spezielle Zuschneidelinien eingezeichnet. Wird für Oberstoff und Futter derselbe Ärmelschnitt verwendet, so sollte der Futterärmel im Unterarmbereich etwa 1,5 cm höher zugeschnitten werden, damit der Futterärmel am Armausschnitt genügend Spiel bekommt und nicht einengen kann. Bei Futterschnitten ist diese Zugabe in der Regel bereits angegeben. Vorsichtshalber sollten Sie das jedoch überprüfen, indem Sie beide Schnitteile an den Unterarmnähten aufeinanderlegen.

Alle Jackenteile werden an den Saumkanten mit etwa 2 cm Zugabe auf die fertige Länge zugeschnitten. Dadurch wird sichergestellt, daß das Futter bei der fertigen Jacke etwa zur Hälfte über die Saumzugaben fällt.

Bitte nicht vergessen: Wenn Sie den Schnitt der Jacke oder des Ärmels verlängert, gekürzt oder anderweitig verändert haben, müssen Sie alle Änderungen natürlich auch auf den Futterschnitt übertragen.

### Eine Jacke füttern

1) **Die Futterteile** verbinden. Die Ärmel zur Verstärkung mit einer doppelten Naht einsetzen. Die rückwärtige Bewegungsfalte einlegen, an beiden Enden ca. 5 cm weit zusteppen und zur Seite bügeln. Den Halsausschnitt mit einer Stütznaht absteppen und an den Rundungen bis kurz vor die Naht einknipsen.

2) **Den Jackenbesatz** nach außen umlegen. Das Futter von der rückwärtigen Mitte zu den Saumkanten hin rechts auf rechts ansteppen, dabei die Nähte im Saumbereich in doppelter Saumbreite offenlassen. Die Nahtzugaben stufig schneiden, an den Rundungen einknipsen und in das Futter gerichtet bügeln.

3) **Die Nahtzugaben** von Jacke und Futter an Schulter- **(a)** und Unterarmnähten **(b)** aufeinanderheften. Das Futter auf die rechte Seite wenden. Den innenliegenden Ärmel glattziehen. Die Nahtzugaben des Futter-/Besatzteils unter einem Tuch vorsichtig in das Futter gerichtet bügeln.

1) **Die Mittelnaht** bis zur Schlitzmarkierung steppen. Die Schlitzzugabe des Untertritts schräg einschneiden. Die Übertrittkanten am Schlitzende und entlang der Bruchlinie durch eine Stütznaht sichern, dann die Ecke einschneiden und die Schnittkanten an der Stütznaht umbügeln.

2) **Die Nähte** von Futter und Oberstoff am Schlitzende genau aufeinanderstecken. Die umgebügelten Schlitzkanten des Futters auf 1–1,5 cm beschneiden, auf die Schlitzzugaben der Jacke stecken. Die Saumkanten des Futters bündig auf die Saumkanten der Jacke stecken, die Überlänge des Futters in eine Falte legen.

3) **Das Futter** zuerst, wie unten unter Punkt 4 und 5 beschrieben, auf die Saumzugaben, danach auf die Schlitzzugaben säumen. Das Schlitzende quer abnähen. Dabei den Jakkenstoff nicht mitfassen, damit das Futter das Schlitzende nicht verziehen kann.

4) **Die noch offenen Besatzkanten** gegebenenfalls begradigen und mit Staffierstichen auf die Saumzugabe säumen. Die Nahtzugabe der unteren Futterkante einschlagen und so auf den Saum stecken, daß die Schnittkanten von Saum und Futter genau aufeinanderliegen.

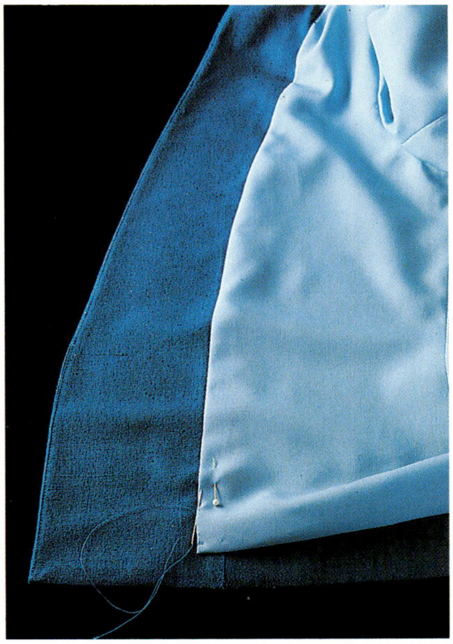

5) **Das Futter** mit Staffierstichen auf den Saum nähen. An den vorderen Kanten über dem Saum die Überlänge des Futters in eine Falte legen, anbügeln und ebenfalls mit Staffierstichen auf den Besatz nähen.

6) **Das Ärmelfutter,** wie unter Punkt 4 und 5 beschrieben, auf den Saum nähen, die Bewegungsfalte einlegen und anbügeln, gegebenenfalls auf die Besätze oder die Nahtzugaben des Ärmelschlitzes säumen.

# Röcke und Hosen füttern

Obwohl die meisten Rock- und Hosenschnitte kein Futter vorsehen, gibt es keinen stichhaltigen Grund, diese Kleidungsstücke nicht zu füttern. Im Gegenteil: Gefütterte Röcke und Hosen fallen schöner, sitzen besser und lassen sich angenehmer tragen. Und kaum ein anderes Kleidungsstück läßt sich so einfach füttern wie ein Rock oder eine Hose. Wir zeigen Ihnen hier das Einarbeiten eines losen Futters, das nur an der Taille und an den Verschlußkanten befestigt wird.

Da ein Rock- oder Hosenfutter, anders als bei Jacken und Mänteln, an vielen Stellen direkt mit der Haut in Berührung kommt, sind Futterstoffe aus Viskose, Baumwolle oder einem Baumwoll-Mischgewebe, vor allem in warmen oder feuchten Gegenden, meist sehr viel angenehmer zu tragen als Synthetics.

## Tips für das Füttern von Röcken und Hosen

**Schneiden Sie das Futter** nur nach den Vorder- und Rückenteilen – ohne Bund, Besätze, Taschen und andere Kleinteile – zu. Bei angekrausten Röcken aus leichten Stoffen werden Oberstoff und Futter oft wie eine Stofflage verarbeitet. Bei schwereren Stoffen dagegen müssen Sie dafür sorgen, daß das Futter an der Taille nicht zu stark aufträgt. Dazu können Sie die Weite bis auf eine Bewegungszugabe bereits im Schnitt abstecken und später in schmale Fältchen oder Abnäher fassen. Oder Sie schneiden das Futter einfach nach einem Schnitt für einen ausgestellten Rock zu.

**Angeschnittene Nahttaschen** werden vor dem Zuschneiden des Futters abgeschnitten oder umgelegt. Bei Hüftpassentaschen werden die Schnitteile für die Passe und das Vorderteil mit Tesafilm zeichengemäß aneinandergeklebt und in einem Stück zugeschnitten.

**An den Saumkanten** wird das Futter ca. 2,5 cm kürzer als der Oberstoff zugeschnitten. Bei einem 2,5 cm breiten Saum können Sie die Saumkanten des Futters also direkt an der Saumlinie anlegen.

**Übertragen Sie nach dem Zuschneiden** alle Schnittmarkierungen der Taillen- und Verschlußkanten auch auf die Futterbahnen. Diese Markierungen helfen Ihnen später, das Futter richtig einzupassen.

**Vor dem Einarbeiten des Futters** sollten Sie den Rock oder die Hose bis auf Bund und Saum fertiggenäht und alle eventuell vorgesehenen Ziersteppereien ausgeführt haben. Die Nahtzugaben werden auseinandergebügelt, brauchen jedoch, außer bei leicht fransenden Stoffen, nicht unbedingt versäubert zu werden.

## Einen Rock füttern

1) **Alle Futternähte** (bis auf den Reißverschlußschlitz) schließen und auseinanderbügeln. Das Futter links auf links und Naht auf Naht über den Rock ziehen, an den Verschlußkanten einschlagen und in der Taillennaht mit der Maschine festheften.

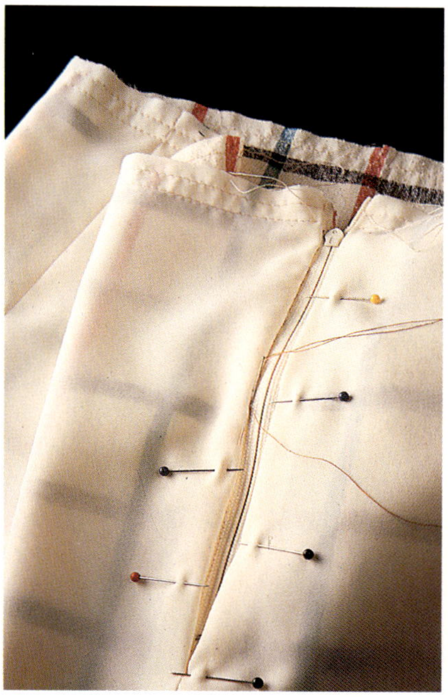

2) **Das Futter** an der Ansatznaht des Reißverschlusses feststecken und mit Staffierstichen ansäumen.

3) **Das Bündchen** ansetzen. Zum Schluß das Futter von Hand oder mit der Maschine säumen. Es sollte etwa 2,5 cm kürzer sein als der Rock.

## Überschüssige Weite im Futter einhalten

**Durch Abnäher.** Die Abnäher an der Taillenkante zeichengemäß abstecken. Während die Abnäher im Oberstoff jeweils zur Mitte gebügelt wurden, werden sie im Futter zu den Seitennähten gebügelt, damit die Zugaben später nicht aufeinanderliegen.

**Durch Einhalten oder Kräuseln.** Das Futter links auf links über den Rock ziehen und in der Taillennaht festheften. Nun werden Oberstoff und Futter zusammen wie eine Stofflage auf Bundweite eingehalten oder gekräuselt.

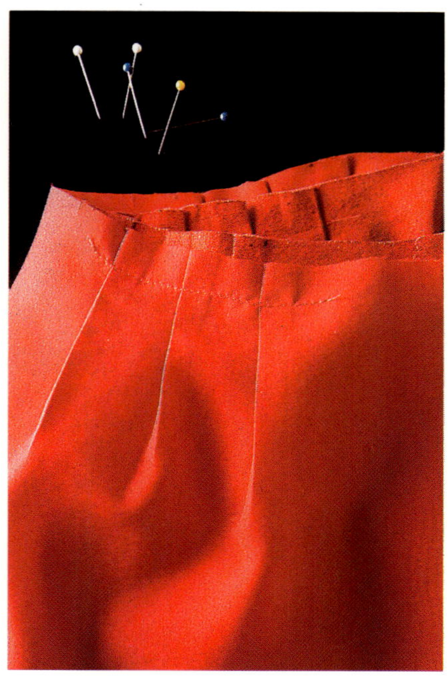

**Durch Bundfalten.** Die Falten im Rock und im Futter einheften. Die Falten im Futter in entgegengesetzter Richtung zu den Rockfalten einbügeln. Das Futter links auf links über den Rock ziehen und in der Taillennaht festheften.

## Einen Rock mit Dior-Falte füttern

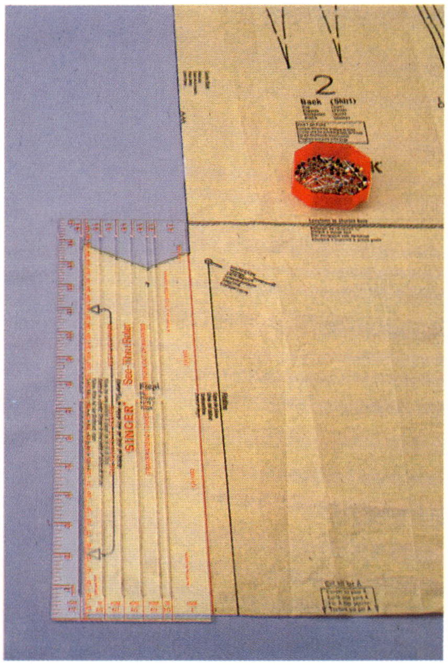

1) **Das Futter** nach dem Rockschnitt zuschneiden, jedoch anstelle der Falten nur eine 1,5 cm breite Nahtzugabe anschneiden. Die Futternähte schließen, die rückwärtige Mittelnaht nur zwischen Verschluß- und Faltenmarkierung steppen. An den Nahtenden die Zugaben einknipsen.

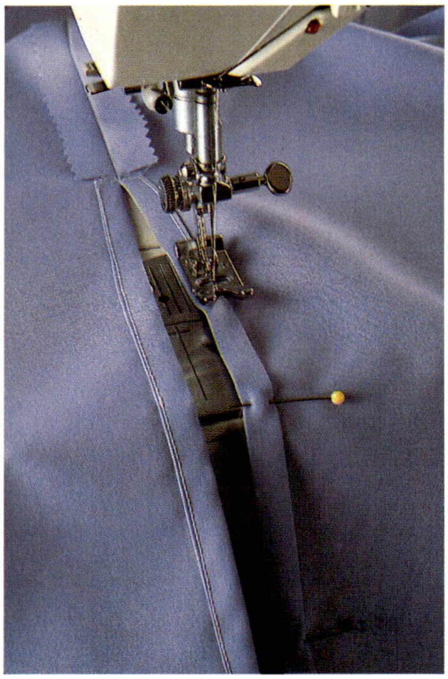

2) **Die Nahtzugaben** der Schlitzkanten fortlaufend zur Mittelnaht umbügeln, auf 1 cm Breite einschlagen und knappkantig feststeppen.

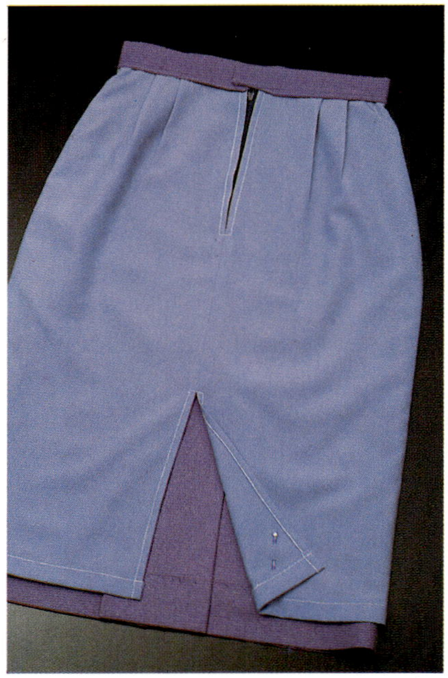

3) **Das Futter,** wie auf Seite 99 beschrieben, in der Taille einhalten und festheften. Bei dieser Verarbeitung bleiben jedoch alle Schlitzkanten lose (auch am Reißverschluß!).

## Einen Rock mit Saumschlitz füttern

1) **Das Futter** nur bis zur Schlitzmarkierung und mit einer schmalen, ca. 5 mm breiten Saumzugabe zuschneiden. Die Futternähte bis auf den Reißverschlußschlitz schließen.

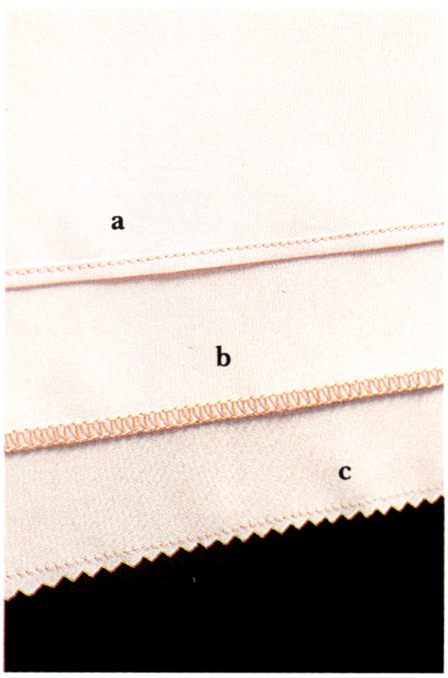


2) **Die Saumkante** des Futters möglichst flach versäubern, zum Beispiel durch Umbügeln und Absteppen (**a**), mit einer Overlock (**b**) oder durch Absteppen und Auszacken. Auch die Nahtzugaben versäubern.

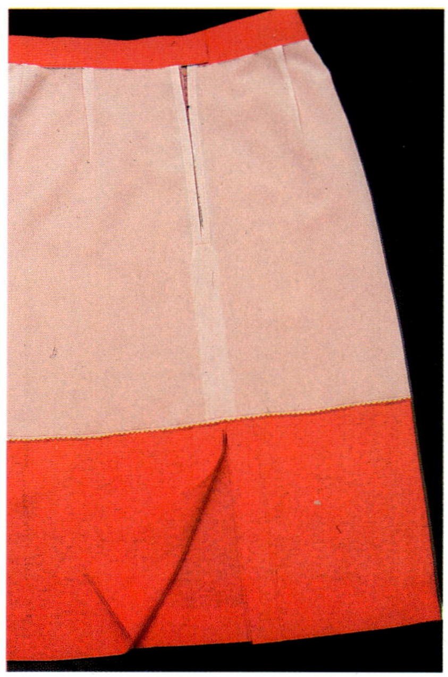

3) **In der Taille** das Futter einhalten und festheften, wie auf Seite 99 beschrieben.

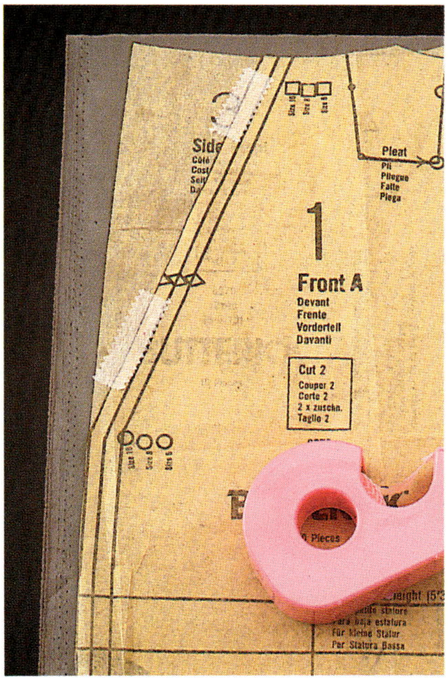


1) **Am Schnitt** das Hüftpassenteil unter das Vorderteil kleben und die vordere Futterbahn in einem Stück zuschneiden.

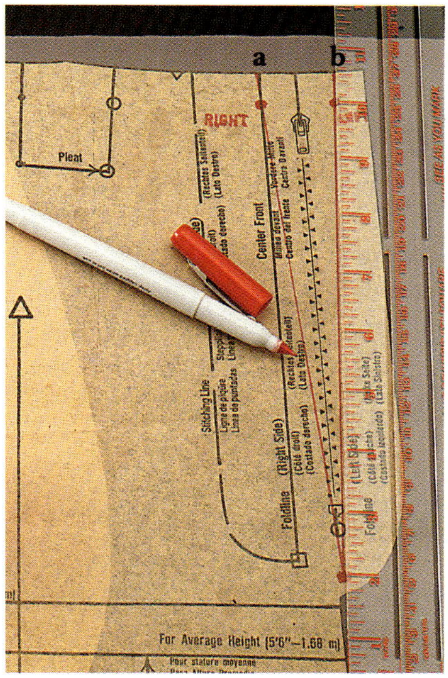


2) **Die Taillennaht** jeweils 1,5 cm neben dem eingezeichneten Reißverschluß markieren. Von diesen Punkten aus jeweils eine Linie zum Schlitzende ziehen. Die innere Linie **(a)** ist die *rechte*, die äußere **(b)** die *linke* Schlitzkante. (Das Futter wird immer spiegelbildlich zum Oberstoff zugeschnitten!)

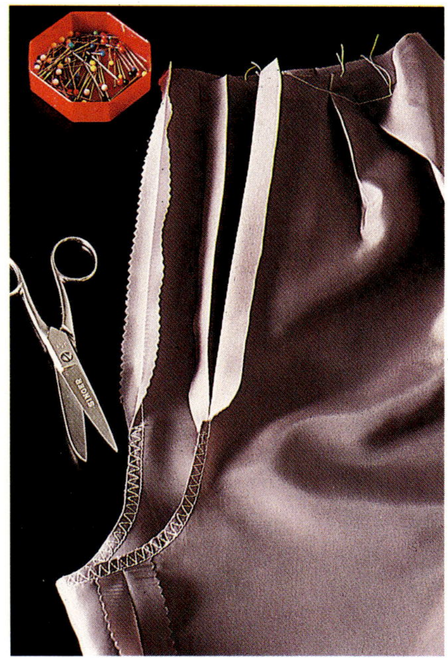

3) **Das Futter** zuschneiden. Abnäher oder Falten steppen. Die Nähte bis auf den Reißverschlußschlitz schließen. Die Schrittrundung durch eine Stretchnaht oder eine zweite Naht verstärken. Hier die Zugaben auf 5 mm zurückschneiden und zusammengefaßt versäubern, oberhalb der Rundung auseinanderbügeln.

4) **An den Schlitzkanten** die Nahtzugaben umbügeln, auf 1 cm Breite einschlagen und dann knappkantig feststeppen.

5) **Das Futter** links auf links über die Hose ziehen. Oberstoff und Futter in der Taillennaht zusammenheften. Nähte, Abnäher und Bundmarkierungen müssen genau aufeinandertreffen. Die Schlitzkanten ansäumen.

6) **Den Saum** des Futters etwa 2,5 cm kürzer als den Oberstoff säumen. Das Futter lose lassen oder mit kleinen Garnriegeln an den Nahtzugaben der Beinnähte befestigen.

# Schwingende Volants

Mit schönen Volants läßt sich so manches gute alte Stück im Handumdrehen wieder in Schwung bringen. Der hier vorgestellte, aus mehreren kreisförmigen Einzelteilen zusammengesetzte Volant braucht nicht mehr gekräuselt zu werden und trägt daher an der Ansatznaht nicht mehr auf als jedes andere, flache Teil.

Bei Fertigschnitten ist immer auch ein Extra-Schnitteil für den Volant enthalten. Aber Sie können einen solchen Schnitt auch ganz leicht selbst herstellen, wenn Sie ein anderes Kleidungsstück mit einem solchen Volant verschönern möchten. Sie können den Kreis in jeder beliebigen Größe zeichnen. Dabei bestimmt die Größe des inneren Kreisbogens die Fülle des Volants: je kleiner, desto fülliger, je größer desto glatter. Auch durch die Tiefe des Volants, d. h. die Distanz zwischen dem inneren und dem äußeren Kreisbogen, lassen sich unterschiedliche Effekte erzielen. Am besten, Sie opfern ein paar größere Stoffreste und probieren es selbst aus.

Um festzustellen, wie viele Kreise Sie für Ihren Volant benötigen, messen Sie zunächst den Umfang der inneren Nahtlinie aus, ziehen 1 cm für die Nahtzugaben ab und teilen die Weite der Kante, an die der Volant angesetzt werden soll, durch dieses Maß.

Unseren Volant können Sie versäubern, indem Sie ihn mit demselben oder einem leichteren oder auch kontrastfarbenen Stoff verstürzen und so Schnittkanten und Nahtzugaben zwischen den Stofflagen einschließen. Einfache Volants dagegen sollten mit französischen Nähten zusammengesteppt und nur schmal gesäumt werden.

EINEN VOLANTSCHNITT HERSTELLEN

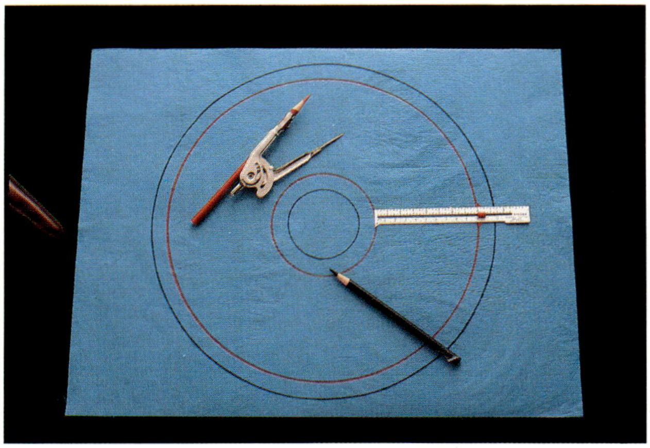

**1) Auf einem Stück Papier** mit einem Zirkel zuerst den inneren Kreis mit etwa 10 cm Durchmesser (oder in jeder beliebigen Größe), dann den äußeren etwa 10 cm größer einzeichnen. Beiden Kanten 1,5 cm breite Nahtzugaben anzeichnen.

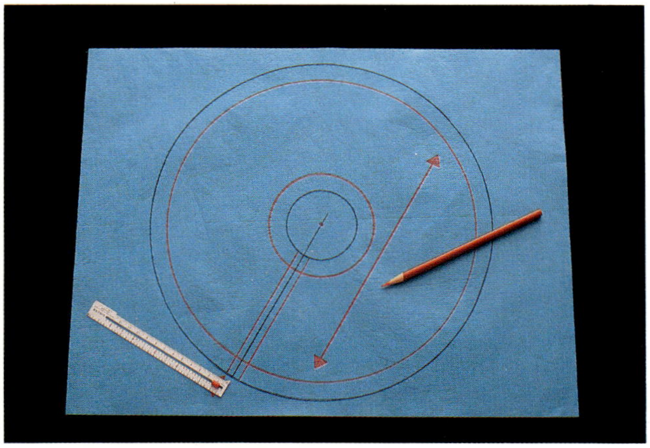

**2) Den Einschnitt** in gerader Linie vom Mittelpunkt zu der Außenkante markieren und beidseitig dieser Linie ebenfalls 1,5 cm breite Nahtzugaben anzeichnen. Zum Schluß den Fadenlauf parallel zum Einschnitt einzeichnen.

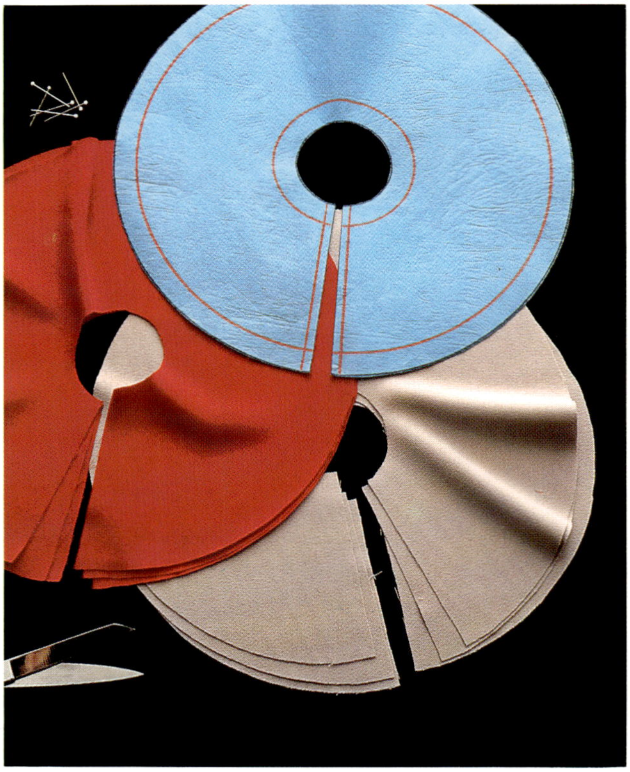

1) **Die Volantteile** nach dem Schnitt in erforderlicher Anzahl (siehe S. 102) aus Oberstoff und Futter zuschneiden.

2) **Oberstoff- und Futterteile** an den Einschnittkanten jeweils 5 mm breit rechts auf rechts aneinandersteppen und die Nahtzugaben auseinanderbügeln.

3) **Beide Volants** an den Außenkanten rechts auf rechts aufeinandersteppen. Die Naht flachbügeln.

4) **Dann die Nahtzugaben** über einem Bügelkissen auseinanderbügeln.

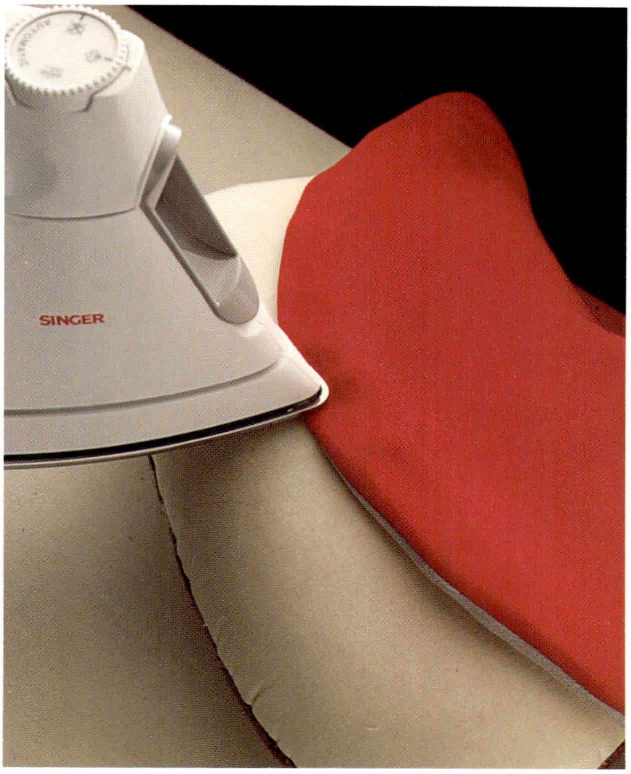


5) **Den Volant** wenden und die Außenkante mit der Spitze des Bügeleisens sorgfältig flachbügeln. Die Nahtzugaben auf etwa 3 mm Breite zurückschneiden.

6) **An der Innenkante** beide Stofflagen knapp außerhalb der Nahtlinie, d. h. auf den Nahtzugaben, aufeinandersteppen.

7) **Die Nahtzugaben** je nach Enge der Rundung in Abständen von 1,5–5 cm bis dicht an die Steppnaht einknipsen.

8) **Den fertigen Volant** in der eingezeichneten Nahtlinie rechts auf rechts ansetzen und die Nahtzugaben vorsichtig in das Kleidungstück gerichtet bügeln.

# Schräg-geschnittene Kleidung

Schräg zugeschnittene Kleidung schmiegt sich weich den Körperkonturen an, läßt sich willig drapieren und oft auch angenehmer tragen als gerade zugeschnittene. Zugeschnitten wird immer in der echten Schräge, d. h. in einem 45°-Winkel zwischen Längs- und Querfadenlauf. Da schräge Kanten sich leicht ausdehnen, sollten gerade verlaufende Nähte ca. 4 cm breite Nahtzugaben haben.

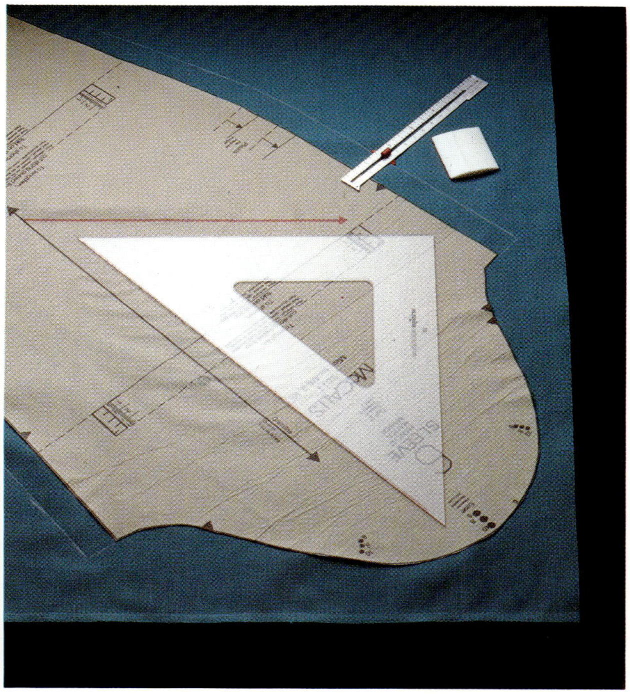

**Auf dem Schnitt** den neuen Fadenlauf im 45°-Winkel zum Längsfadenlauf einzeichnen. Diesen neuen Fadenlauf auf den Längsfadenlauf des Stoffs legen und alle Teile in einfacher Stofflage zuschneiden. Den geraden Nähten 4 cm breite Zugaben anschneiden.

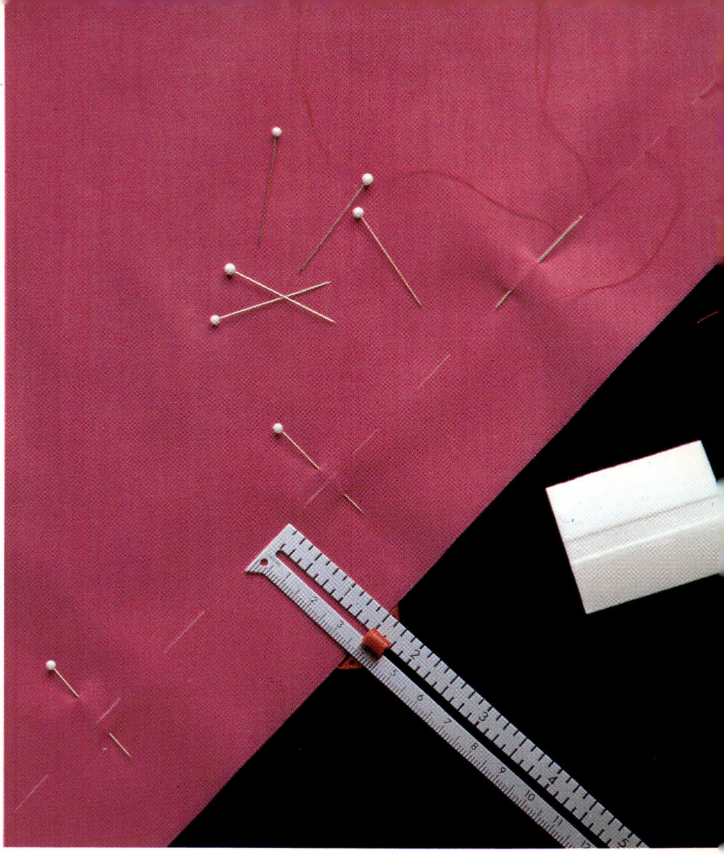

**Die Nahtlinie** sorgfältig mit Kreide markieren. Die Teile vor dem Steppen *flach aufliegend* zusammenheften, damit sich die Kanten nicht verziehen. Bei langen Nähten die Heftnaht alle 25 cm unterbrechen und die Fadenenden unverknotet überstehen lassen.

**Den Stoff** beim Steppen leicht dehnen, damit die Nähte genügend Elastizität bekommen und sich nicht kräuseln.

**Vor dem Säumen** gegebenenfalls die Schulterpolster einnähen und das Kleidungsstück auf gepolstertem Bügel ein bis zwei Tage „aushängen“ lassen, damit der Saum später nicht zipfelt. Bei einem Rock die Taillenkante alle 2,5 cm mit Stecknadeln zusammenstecken oder den Rock in einen Hosenbügel spannen.

# Tips und Tricks aus dem Nähkästchen

# Flicken und Applikationen

Das Flicken ist schon fast eine vergessene Kunst. Dabei lohnt es sich in vielen Fällen auch heute noch. Geschickt und damit fast unsichtbar repariert, braucht der teure Lieblingsrock noch lange nicht ausgesondert zu werden, und der durchgescheuerte Schneeanzug des kleinen Skifreaks startet mit fröhlichen Knieschonern bestückt so gut wie neu in die nächste Saison.

Flicken lassen sich aufbügeln, aufkleben, von Hand aufnähen oder mit der Maschine aufsteppen. Für welche Methode Sie sich entscheiden, hängt letztlich nicht nur von der Art der Beschädigung ab, sondern auch von dem Kleidungsstück selbst, dem betreffenden Stoff und der Zeit, die Sie für die Reparatur erübrigen.

**Der Zeitaufwand:** Das Aufbügeln erfordert den bei weitem geringsten Zeitaufwand, vor allem, wenn man dazu auch noch fertige Bügelflicken verwendet. Zeit sparen kann man aber auch mit einem speziellen Flickset, mit dem sich kleinere Löcher fast unsichtbar „stopfen" lassen. Leider sind diese praktischen kleinen Helfer noch nicht überall erhältlich.

Wo Nähte zu auffällig wären und Bügelflicken nicht in Frage kommen, kann man in vielen Fällen auch auf Stoffkleber zurückgreifen, die es inzwischen auch für Leder, Vinyl und Nylon gibt.

Dauerhafte und vor allem auch waschbeständige Flicken lassen sich relativ schnell auch mit der Nähmaschine aufsetzen, unter Umständen sogar mit dekorativen Zierstichen. Zum Flicken von Ärmeln oder Hosenbeinen sollte sie allerdings einen Freiarm haben.

Am längsten dauert es nach wie vor mit der Hand. Manchmal aber geht es nicht anders, so zum Beispiel an schwer zugänglichen Stellen. Handarbeit ist allerdings auch die einzige Möglichkeit, auch größere Flicken nahezu unsichtbar einzusetzen.

**Verwendungszweck:** Ein anderer, wichtiger Aspekt ist die Frage, zu welchem Zweck oder Anlaß das Kleidungsstück getragen wird. Eine elegante Bluse muß auf jeden Fall so diskret wie möglich geflickt werden, während es bei Arbeitskleidung oder dem Spielanzug des temperamentvollen Sprößlings in erster Linie auf Strapazierfähigkeit ankommt.

**Stoff:** Eine wesentliche Rolle spielt natürlich auch die Art des Stoffs. Tweed, Karos und durchgehende Drucke lassen sich naturgemäß unauffälliger reparieren als einfarbige Stoffe, kräftig strukturierte leichter als glatte. Und wo mit normalen Flicken nichts mehr zu machen ist, können unter Umständen Spitzeneinsätze oder Applikationen das eine oder andere Stück noch retten.

Am unauffälligsten gelingt die Reparatur, wenn der Flicken aus dem Stoff des betreffenden Kleidungsstücks zugeschnitten wird. Auch aus diesem Grund sollten Sie Stoffreste nie wegwerfen. Bei gekauften Kleidungsstükken können Sie kleinere Flicken eventuell aus dem Saum oder einem Taschenbeutel zuschneiden.

## Einen Flicken aufbügeln

**Fertig gekaufte Bügelflicken.** Vor dem Aufbügeln des Flickens sollte das Kleidungsstück gewaschen oder gereinigt und die zu flickende Stelle mit einem trockenen Bügeleisen leicht vorgewärmt werden.

**Reparaturstoff oder -band** 2,5 cm größer als das Loch zuschneiden. Die Ecken abrunden. Den Flicken mit der beschichteten Seite nach unten von rechts über das Loch legen, mit einem Tuch aufbügeln.

**Doppelseitige Einlage** und einen passenden Flicken 2,5 cm größer als das Loch zuschneiden. Erst die Einlage, dann den Flicken über das Loch legen und beides zusammen mit Dampf aufbügeln.

**Bei Kleidungsstücken,** die häufig gewaschen werden, sollte ein mit doppelseitiger Einlage aufgebügelter Flicken an den Kanten zusätzlich aufgesteppt werden.

**Vorbeugend** können erfahrungsgemäß stark strapazierte Stellen schon beim Nähen mit Bügeleinlage verstärkt werden, die mit in die Nähte gefaßt wird.

## Flicken mit einem Flickset

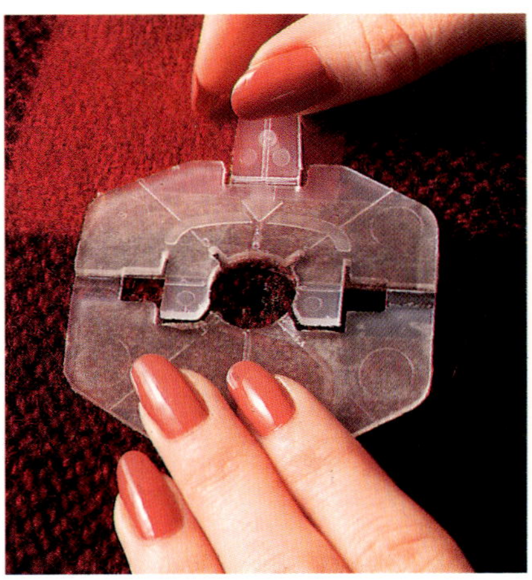

1) **Die beschädigte Stelle** und einen dazu passenden Flicken ausstanzen.

2) **Ein Haftblättchen** unterlegen, den Flicken fadengerade einpassen.

3) **Flicken** und Haftblättchen mit dem Flickeisen festbügeln.

## Einen Flicken von Hand unternähen

1) **Den Stoff** um das Loch herum glattbügeln. Das Loch zu einem sauberen Quadrat oder Rechteck erweitern. Die Ecken zur Verstärkung 5 mm von den Kanten entfernt mit kleinen Stichen umsteppen. Die Stoffkanten schräg zu den Nahtecken hin einknipsen.

2) **Die Kanten** 5 mm breit nach links umbügeln. Den Flicken fadengerade bzw. dem Muster entsprechend ringsherum etwa 2 cm größer als das Loch zuschneiden, mit der rechten Seite nach oben unterlegen und ringsherum festheften.

## Einen Flicken mit der Maschine einsetzen

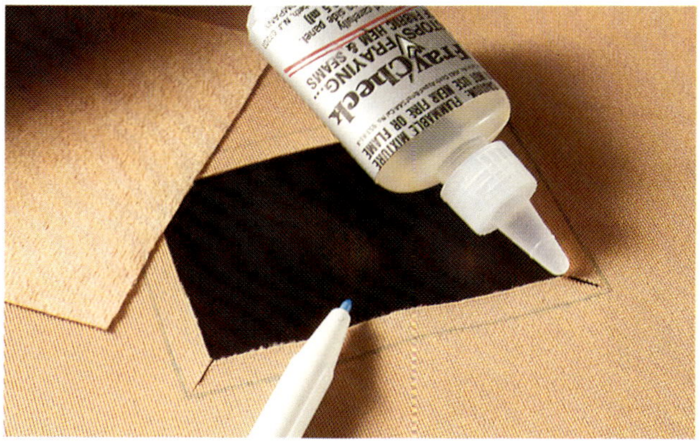

1) **Die Flickstelle,** wie oben unter Punkt 1 beschrieben, vorbereiten. Auf der linken Stoffseite 5 mm von den Kanten entfernt eine Nahtlinie einzeichnen (oder die Ecken umsteppen, wie oben beschrieben) und die Ecken einknipsen. Den Flicken fadengerade etwa 2 cm größer als das Loch zuschneiden.

2) **Die Schnittkanten** der Flickstelle 5 mm breit nach links umbügeln. In der Mitte einer Seite beginnend, eine Kante des Flickens von innen mit kleinen Stichen rechts auf rechts in der Bruchlinie der Nahtzugabe genau bis zur Ecke an eine Seite des Rechtecks steppen.

## Einen Flicken mit Stoffkleber einsetzen

1) **Die Kanten** des Lochs sauberschneiden. Den Flicken genau auf die Größe und Form des Lochs aus dem Oberstoff sowie ein etwa 2,5 cm größeres Unterlegteil aus einem dünneren Stoff zuschneiden.

2) **Den Rand** des Flickens von links mit Stoffkleber einstreichen, den Kleber mit einem Zahnstocher o. ä. gleichmäßig dünn verteilen. Den Flicken auf das Unterlegteil kleben und gründlich trocknen lassen.

3) **Die Bruchkanten** des Oberstoffs mit einer kurzen Nähnadel und feinen, dichten Staffierstichen auf den Flicken säumen.

4) **Auf der linken Stoffseite** die Schnittkanten des Flickens mit Hexenstichen ansäumen, dabei jeweils nur 1–2 Gewebefäden des Oberstoffs fassen. Bei leichten Stoffen können die Kanten auch eingeschlagen und mit Staffierstichen aufgesäumt werden.

3) **An der Ecke** das Teil drehen (dazu nur den Nähfuß anheben, die Nadel bleibt im Stoff). Zum Steppen der zweiten Seite Oberstoff und Flicken wieder paßgenau aufeinanderlegen, dann den Nähfuß wieder absenken.

4) **Auf diese Weise** den Flicken rundherum einsteppen. Am Ende der Naht einige Stiche über den Nahtanfang hinaussteppen. Die Nahtzugaben zur Seite bügeln.

3) **Nun auch die Kanten** des Lochs von links dünn mit Stoffkleber bestreichen und den Flicken von unten her in das Loch einpassen. Überschüssigen Kleber mit einem feuchten Tuch entfernen.

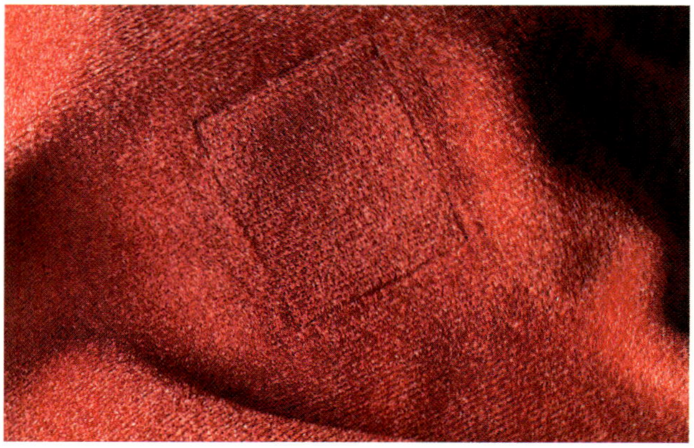

4) **Den Flicken** von beiden Seiten bis zum vollständigen Trocknen mit Klebeband fixieren. Bei sehr festen Stoffen können die Kanten des Unterlegteils bis dicht an die Klebenaht zurückgeschnitten werden.

# Knie- und Ärmelflicken

Größere Schäden an auffälliger Stelle „unsichtbar" reparieren zu wollen, ist meist ein hoffnungsloses Unterfangen. Aber warum auch? Mit schönen Jeans-, Cord- oder Wildlederflicken lassen sich abgetragene oder gar durchgescheuerte Stellen an Knien oder Ellbogen elegant kaschieren. Und für solche Zwecke finden Sie in jedem gut sortierten Kaufhaus eine Riesenauswahl an Fertigflicken mit vorgestanzten Nahtlinien, die Ihnen das Aufsteppen der oft recht dicken Flicken erleichtern.

Aber Sie können solche Flicken natürlich auch ohne weiteres selbst herstellen. Dazu brauchen Sie eine Schablone aus festem Papier oder Karton. Danach schneiden Sie dann Ihre Flicken zu: aus nichtfransenden Materialien wie zum Beispiel Wildleder genau in der Größe der Schablone, bei fransenden Stoffen wie Cord oder Jeansstoff zuzüglich einer ca. 1,2 cm breiten Nahtzugabe, die vor dem Aufsetzen des Flickens zur Hälfte nach innen umgebügelt wird.

Wollen Sie Ihren Flicken vor dem Feststeppen aufbügeln, brauchen Sie außerdem noch ein ohne Nahtzugaben zugeschnittenes Stück doppelseitiger Bügeleinlage. Bei Hosen und Ärmeln empfiehlt es sich, ein Stück Packpapier oder Alufolie unterzulegen, damit die Einlage nachher nicht auf der unteren Stofflage festklebt.

## Ellbogen- oder Knieflicken aufsetzen

**1) Als „Schnittmuster"** eine Papier- oder Kartonschablone in passender Größe zuschneiden. Darauf achten, daß die beschädigte Stelle großzügig abgedeckt wird. Danach den Flicken und die Einlage zuschneiden und über das Loch bügeln.

**2) Die Kanten** des Flickens mit nicht zu kleinen Stichen und einer kräftigen Nadel von Hand aufnähen oder mit der Maschine feststeppen (bei engen Hosenbeinen und Ärmeln brauchen Sie dazu allerdings eine Freiarmmaschine).

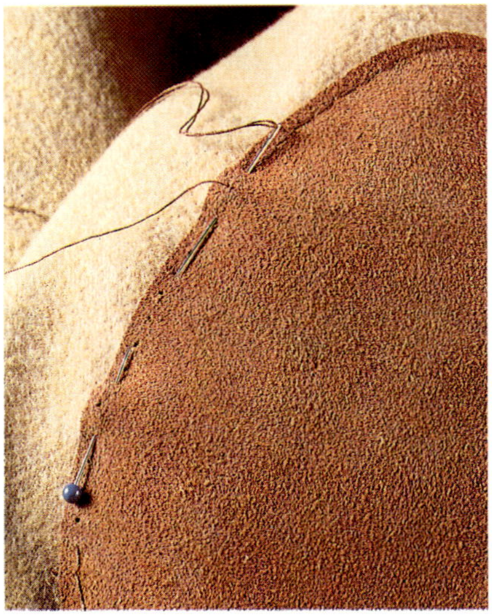

**Zum Aufnähen von Hand** sind Rückstiche oder Languettenstiche am besten geeignet. Bei dickeren Materialien wie Leder- oder Wildleder und bei gefütterten Jacken sorgt Knopflochseide für sicheren Halt.

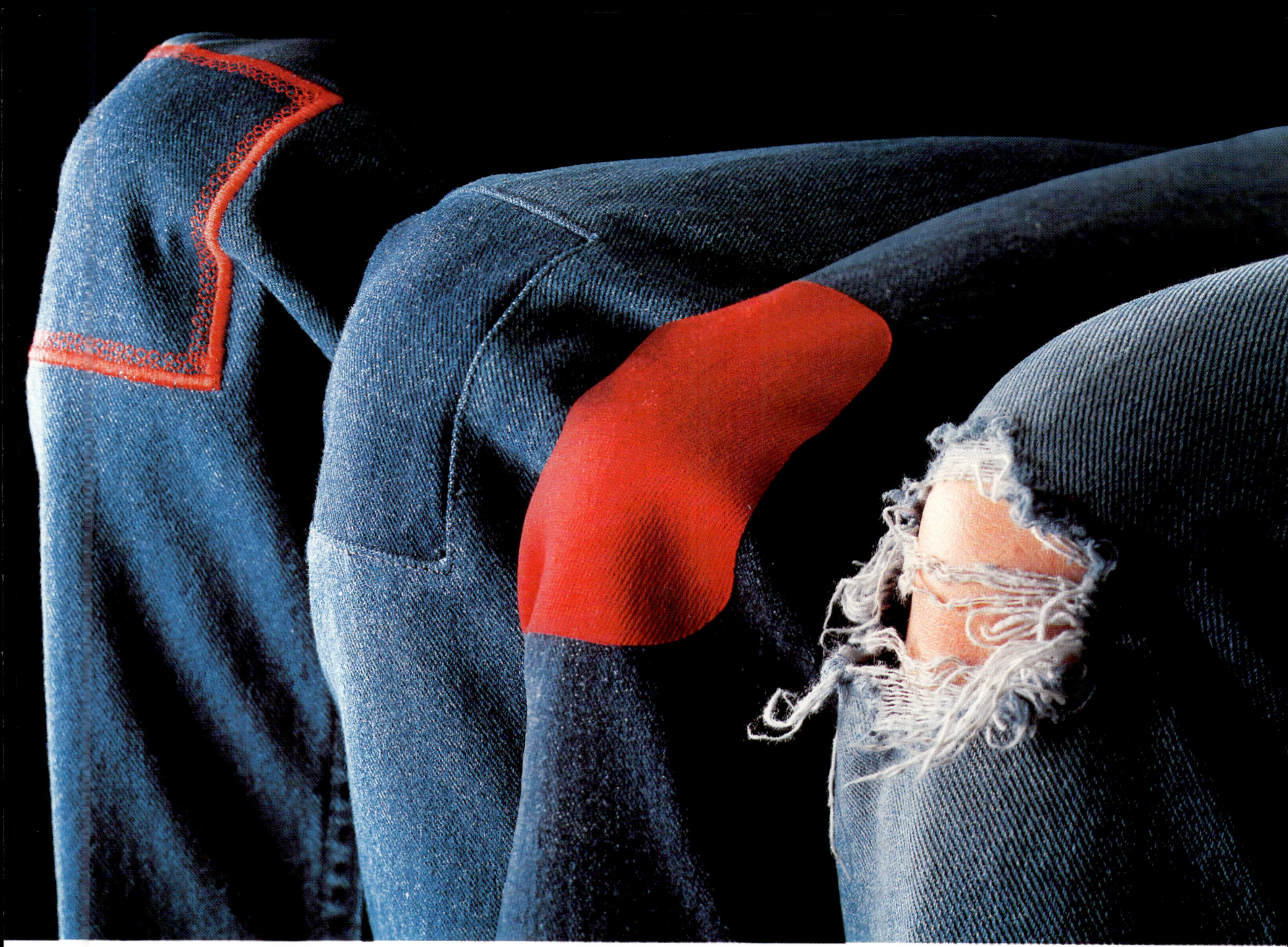

Einen Flicken von aussen aufsetzen

1) **Die beschädigte Stelle** glattbügeln, aber noch nicht sauberschneiden. Den Flicken etwa 2,5 cm größer zuschneiden, von rechts über das Loch legen und festheften.

2) **Die Schnittkanten** des Flickens von rechts mit farblich passendem Garn und breiten, dicht eingestellten Zickzackstichen übersteppen. Um an schwer zugängliche Stellen heranzukommen, muß dazu notfalls eine Naht aufgetrennt werden.

3) **Zum Schluß** die Naht zur Verstärkung mit Zierstichen oder einem variablen Zickzackstich nochmals übersteppen. Nun den beschädigten Stoff unter dem Flicken bis dicht an die Naht zurückschneiden.

# Applikationen für Kinderkleidung

Kein Zweifel: Kindersachen müssen eine Menge aushalten. Mit applizierten Flicken aber können Sie zumindest die am ärgsten strapazierten Bereiche wie Ellbogen oder Knie wirkungsvoll schützen (durch Unterlegen mit Volumenvlies auch noch zusätzlich abpolstern) und gleichzeitig mit lustigen Motiven und leuchtenden Farben fröhliche Akzente setzen.

Aber vergessen Sie nicht: Kinder wollen es vor allem bequem haben. Verzichten Sie im Zweifelsfall lieber auf die ach so praktische Bügeleinlage, wenn der geflickte Bereich dadurch so steif wird, daß sich das Kind in seiner Bewegungsfreiheit eingeschränkt fühlt.

Auch in puncto Ästhetik sind Kinder nicht ganz so anspruchslos, wie viele glauben. Daher sollten Sie, selbst wenn eigentlich nur ein Knie flickreif wäre, schon aus optischen Gründen lieber gleich das zweite Hosenbein „mitverpflastern". Besonders hübsch sieht es aus, wenn Motiv oder Stoff des Flickens an anderer Stelle als Applikation oder Kanteneinfassung wieder auftauchen. Gegen ein so dekorativ „runderneuertes" Outfit dürfte auch der eitelste Nachwuchs kaum etwas einzuwenden haben. Und Sie selbst können beruhigt davon ausgehen, daß die betreffende Hose, jedenfalls für die nächste Zeit, (fast) allen Zerreißproben gewachsen sein wird.

Beim Flicken enger Ärmel und Hosenbeine müssen Sie, sofern Sie keine Freiarmmaschine besitzen, die Nähte notgedrungen wenigstens so weit auftrennen, daß Sie das Teil flach auflegen können. An schwer zugänglichen Stellen lassen sich Flicken ohnehin meist schneller und einfacher mit der Hand aufnähen.

## Flicken mit Languettenstichen aufsetzen

**Das Stickgarn** (Knopflochseide oder dreifädigen Sticktwist) unter dem Flicken festnähen. Von unten nach oben ausstechen, *die Fadenschlinge festhalten, durch Flicken und Stoff einstechen, knapp neben dem Flicken über die Fadenschlinge hinweg wieder ausstechen und den Faden anziehen. Ab * alle 3–10 mm wiederholen. Zum Schluß den Faden vernähen.

## Gepolsterte Knieschoner aufsetzen

**1) Flicken,** Volumenvlies und Unterstoff etwa 2,5 cm größer als die beschädigte Stelle zuschneiden. Alle Stofflagen wie oben gezeigt aufeinanderlegen, eventuell festheften und nach Wunsch dekorativ absteppen oder quilten.

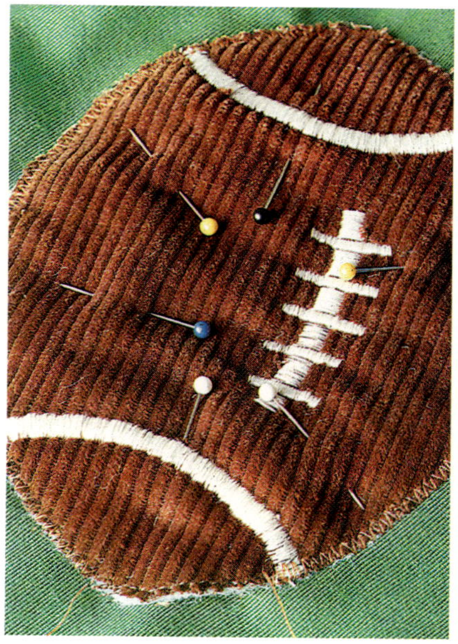

**2) Den fertigen Flicken** auf die beschädigte Stelle heften. Nun die Kanten mit einem schmalen, mittellangen Zickzackstich rundherum feststeppen.

**3) Mit Plattstich** abschließend Kante und Zickzacknaht übersticken. Dazu einen breiteren, dafür aber engeren Zickzackstich einstellen und die Fadenspannung geringfügig lockern (Sticheinstellung auf einem Stoffrest ausprobieren!).

## Einen gepaspelten Steppflicken aufsetzen

**1) Die Ecken** abrunden. Das Paspelband mit dem Reißverschlußfuß, 2,5 cm von einem Ende beginnend, bis kurz vor diesem Ende so aufsteppen, daß sich die Bandenden 2,5 cm überlappen. Das lose Bandende darüberschieben und die Paspel so weit heraustrennen, daß die Schnurenden genau aneinanderpassen.

**2) Das lose Bandende** ca. 1 cm nach innen einschlagen und feststeppen. Nahtzugabe und Paspelband nach links umlegen und zur Mitte gerichtet bügeln.

**3) Den Flicken** aufheften, mit dem Reißverschlußfuß in der Nahtrille der Paspelnaht feststeppen und etwa 5 mm breit absteppen.

# Flicken mit Band oder Spitze

Die vermutlich eleganteste Art, Schäden an auffälliger Stelle möglichst unsichtbar zu beheben, ist, sie unter Bändern, Spitzenborten, Applikationen, Seidenblumen, Spitzenkragen oder auch nachträglich aufgesetzten Taschen diskret verschwinden zu lassen.

Das wichtigste dabei ist die Wahl des richtigen „Flickmaterials“: Spitzenborten, Satinbänder oder Stickereieinsätze für festliche Kleider, zarte Wäsche und feine Blusen, witzige Applikationen für Jeansjacken und robuste Kinderkleidung (wo sie auch mal einen „Hosenboden“ in den Blickpunkt rücken dürfen). Großflächig geschädigte Teile – Passen, Kragen, Manschetten – werden am besten komplett durch einen kontrastfarbenen Stoff ersetzt, lädierte Ärmel durch kontrastfarbene Falteneinsätze wieder „auf Vordermann“ gebracht.

Modeschöpfer, die ja letztendlich davon leben, daß sie uns mit ausgefallenen Ideen überraschen, plazieren Taschen nicht selten an Stellen, wo man sie normalerweise nicht unbedingt erwarten würde. Warum also sollten Sie sich diesen kleinen Kunstgriff nicht zunutze machen und zwei oder drei Taschen so geschickt verteilen, daß niemand auf die Idee käme, eine von ihnen könnte mehr als nur ein Taschentuch verbergen.

## Schadstellen unter Bändern verstecken

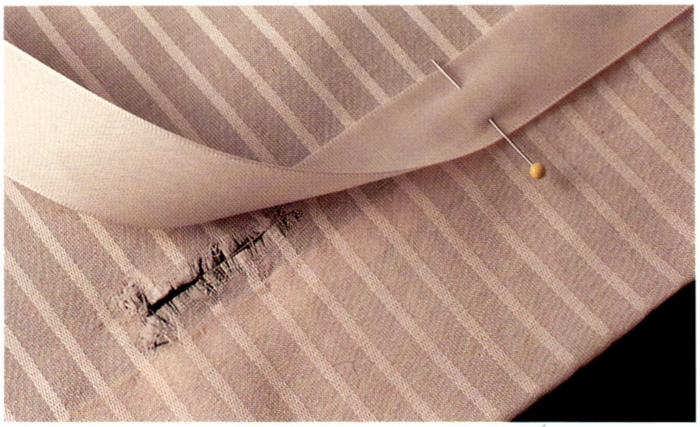

**Manchmal** können Sie aus der Not eine Tugend machen, indem Sie kleinere Risse unter passenden Bändern verstecken und die Tarnung durch zusätzliche Bänder an Saum, Taille oder Ärmeln dekorativ perfektionieren. In diesem Fall können Sie auf eine aufwendige Reparatur verzichten und einfach ein Stück dünne Einlage unter die Rißkanten bügeln.

### Schadstellen unter Taschen verstecken

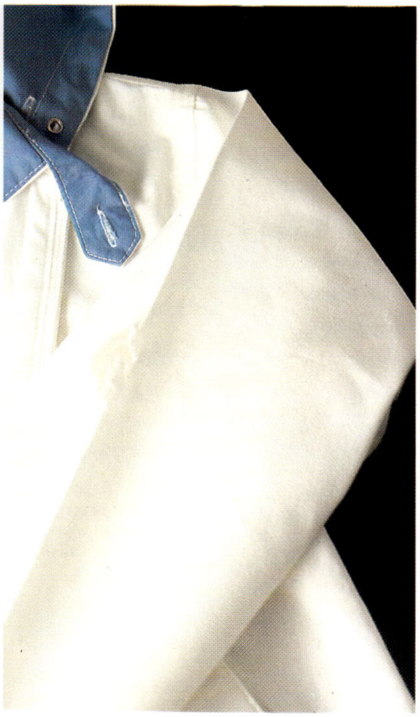

**1) Liegt der Riß** an der „richtigen" Stelle, können Sie das Malheur ebenso dekorativ wie praktisch unter einer Tasche verstecken.

**2) Die Tasche** wird am besten aus einem andersfarbigen Stoff (bei Sport- oder Freizeitkleidung eventuell auch mit Reißverschluß) gearbeitet.

**3) Zusätzliche** Taschen, geschickt über das Kleidungsstück verteilt, sorgen dafür, daß die Schadstelle vollends aus dem Blick gerät.

### Schadstellen mit Stoff oder Spitzeneinsätzen reparieren

**1) Schäden**, die sich nicht unter Bändern oder Taschen verstecken lassen, kann man in vielen Fällen durch Einsetzen einer schönen Spitzenborte reparieren.

**2) Dazu die Spitze** über die Schadstelle legen und von rechts mit kleinen, dichten Zackenstichen aufsteppen. Den Kleiderstoff vorsichtig unter der Spitze herausschneiden.

**3) Dekorative Einsätze** lasssen sich auch aus feinen Taschentüchern, besticktem Leinen oder kontrastfarbenen Stoffen arbeiten.

# Gürtel aus geflochtenen Bändern

Ein einzelnes Band ist ohne Zweifel ein reizvoller farblicher Akzent; mehrere Bänder, miteinander verflochten, bieten ganz andere Möglichkeiten.

So können Sie geflochtene Bänder unter anderem auch als Gürtel verwenden. Die Breite solcher Flechtgürtel ist abhängig von der Breite der verwendeten Bänder. So ergeben 1,5 cm breite Bänder beispielsweise einen ca. 3,8 cm breiten Gürtel.

Um die erforderliche Länge des Gürtels zu bestimmen, wird die Taillenweite über dem Kleidungsstück gemessen. Hinzu kommen ca. 4 cm für die Versäuberung der Enden. Bis zu dieser Länge werden die Bänder miteinander verflochten. Danach werden vier doppelseitige Bänder jeweils um knapp ein Drittel länger als das fertige Gürtelmaß zugeschnitten. Zum Versäubern der Enden eignet sich am besten ein Stück festes Gurtband.

## Einen Flechtgürtel arbeiten

1) **Die Bänder** (nachstehend mit Band 1, Band 2, Band 3 und Band 4 bezeichnet) mit Fixierstift oder Stoffkleber paarweise nebeneinander auf kurze Stoffstreifen kleben.

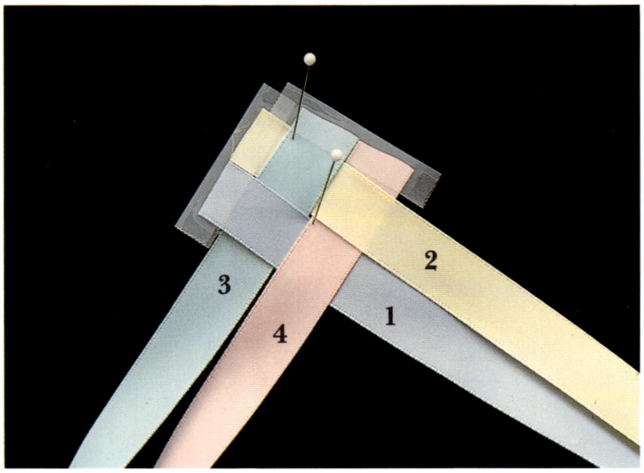


2) **Die Bandgruppen** im rechten Winkel zueinander feststecken und wie folgt miteinander verflechten:
**Band 2** unter Band 3 und über Band 4,
**Band 3** über Band 2 und unter Band 1,
**Band 4** unter Band 2 und über Band 1.

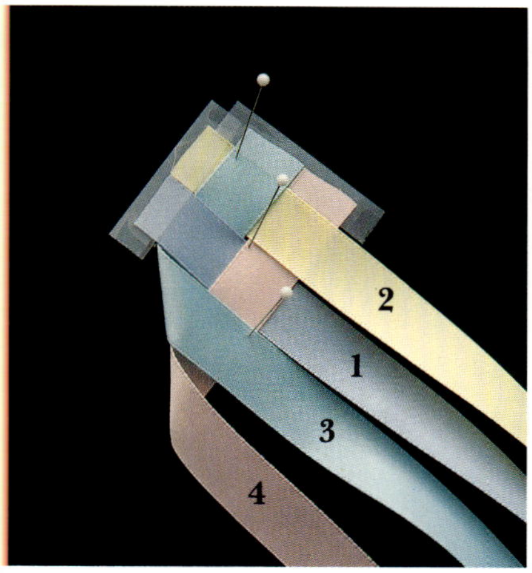


3) **Band 3 und Band 4** nacheinander parallel neben die Bänder 1 und 2 legen.

4) **Band 2** nach hinten umlegen und unter Band 1, über Band 3 und unter Band 4 flechten.

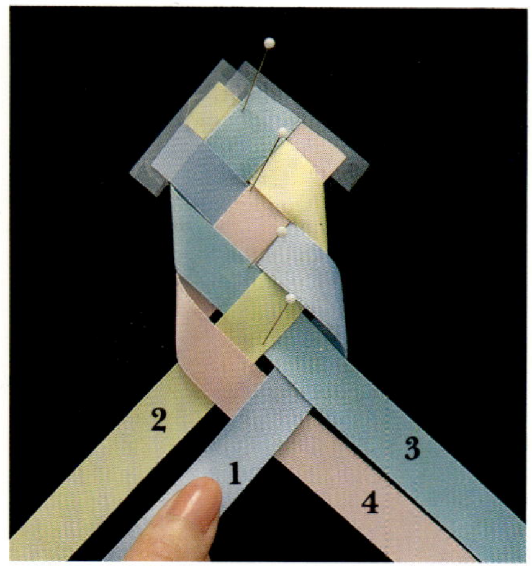


5) **Band 1** nach hinten umlegen, unter Band 3 und über Band 4 flechten.

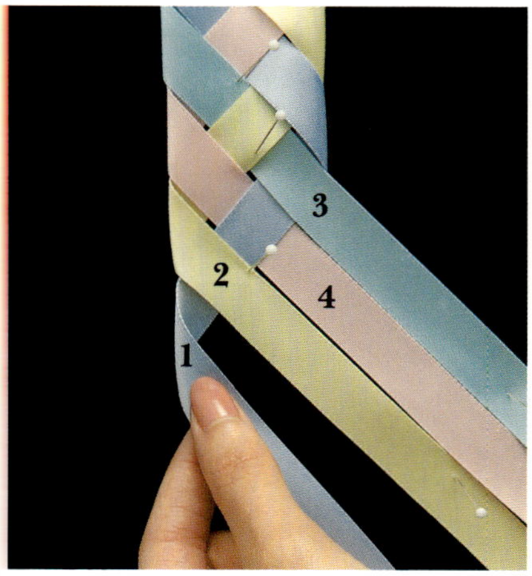


6) **Band 1 und Band 2** nacheinander parallel neben die Bänder 3 und 4 legen.

7) **Band 3** nach hinten umlegen und unter Band 4, über Band 2 und unter Band 1 flechten.

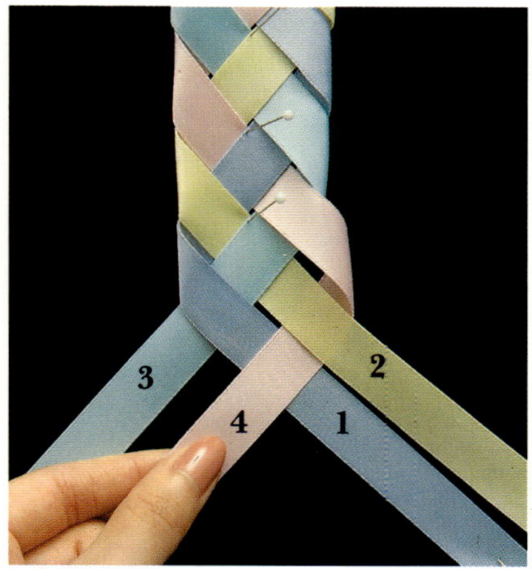


8) **Band 4** nach hinten umlegen und unter Band 2 und über Band 1 flechten. Nun Punkt 3–8 bis zur gewünschten Länge wiederholen.

9) **Die Enden** auf fertige Gürtellänge quer absteppen. Zwei 1,5 cm breite Streifen Gurtband auf die Breite des Gürtels plus 1,2 cm Nahtzugabe zuschneiden.

10) **Die Streifenenden** 6 mm breit einschlagen. Einen Streifen von rechts und einen von links mit einer Längskante an die Stepplinie anlegen und knappkantig feststeppen.

11) **Die Nahtzugaben** des Gürtels auf 6 mm Breite beschneiden. Die Gurtbandstreifen umlegen und mit der Hand über die Nahtzugaben nähen. Verschlüsse anbringen.

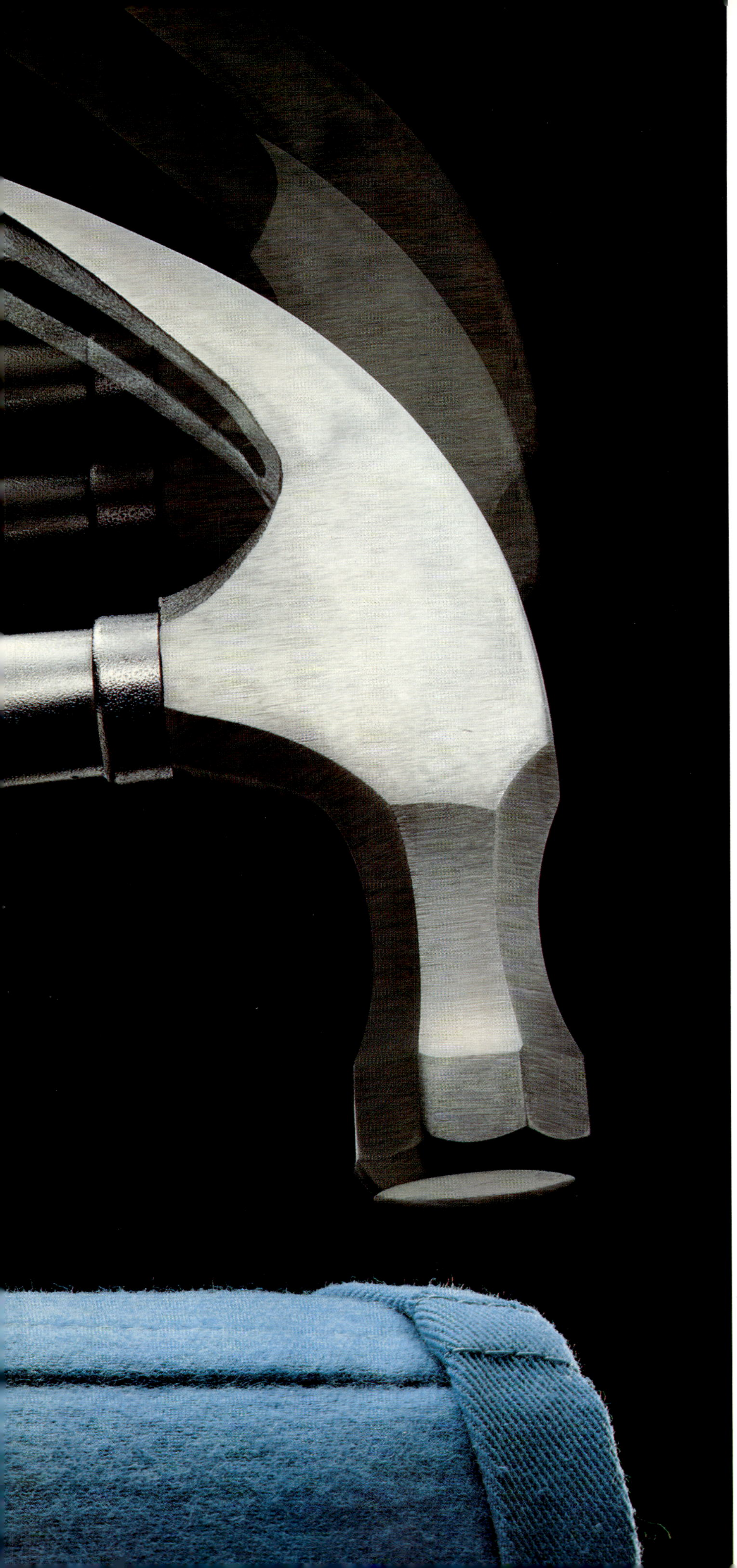

# Perfekt absteppen

Ob ein- oder mehrreihig, schöne Steppnähte sind attraktive Blickfänge und verleihen jedem Kleidungsstück den Hauch professioneller Arbeit. Voraussetzung aber ist, daß sie akkurat und sauber gesteppt wurden.

Dazu brauchen Sie vor allem eine Nahtführung, an der Sie entlangsteppen können. Am besten eignet sich dafür normales, nicht allzu dünnes Papier, das auf der Unterseite hauchdünn mit Fotokleber eingesprüht wird, damit es nicht verrutscht.

Ecken an Kragen, Manschetten oder Bündchen sind oft schwierig zu umsteppen, weil sich der Stoff dort so schlecht führen läßt. Mit Hilfe von eingezogenen Fäden können Sie dieses Problem leicht beheben.

Mit kleinen Pappstückchen, die als Abstandhalter unter den Nähfuß geschoben werden, lassen sich Höhenunterschiede an Stoffkanten und Nahtkreuzungen ohne Stocken überwinden.

Wenn Sie kein farblich passendes Absteppgarn bekommen, können Sie auch normales Mehrzweckgarn verwenden, das Sie doppelt in die Absteppnadel einfädeln. Dabei können Sie sich gegebenenfalls den Farbton sogar ganz nach Wunsch selber „mixen". Eventuell muß während des Steppens die Fadenspannung korrigiert werden.

Steppen Sie vor Beginn der Arbeit einige Probenähte mit dem Stoff und der Einlage, die Sie auch für Ihr Kleidungsstück verwenden. Und achten Sie darauf, daß Sie Ihre Absteppnähte mit einer vollen Spule beginnen, damit Ihnen nicht auf halber Strecke der Faden ausgeht.

**Kanten abflachen:** Bei dicken, schweren oder steifen Stoffen können Sie Nahtzugaben und Kanten vor dem Absteppen mit einem Hammer flachklopfen.

## Nahtführung aus Papier

**1) Eine Seite des Papiers** hauchdünn mit Fotokleber einsprühen und trocknen lassen. Den Papierstreifen mit der behandelten Seite nach unten auf den Stoff legen.

2) **Die Papierkante** an die Stepplinie anlegen. Beim Steppen den Stoff so führen, daß die Nadel genau an der Papierkante entlangsteppt.

## Garnfäden als „Anfasser"

**1) Mit einer Nähnadel** (oder mit der Maschine) an der Ecke einen nicht zu kurzen Faden einziehen.

2) **Bis zur Ecke steppen.** Hier das Teil drehen, dabei die Nadel im Stoff lassen. Beim Weitersteppen die Ecke mit Hilfe der Fadenenden festhalten.

## Abstandhalter einsetzen

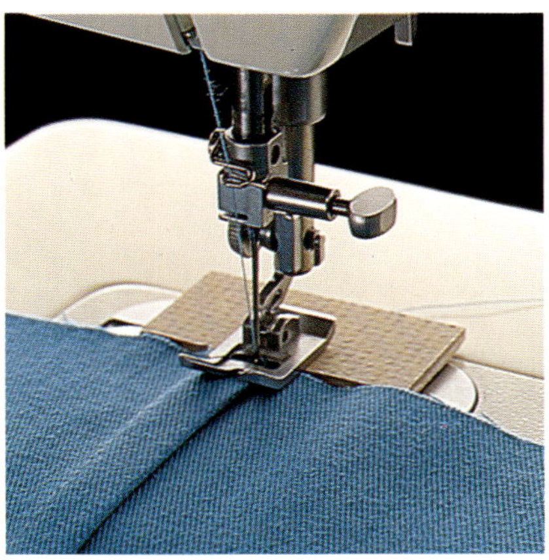

**Zu Beginn einer Naht.** Den Abstandhalter unter das hintere Ende des Nähfußes legen und genau an der Stoffkante mit dem Steppen beginnen.

**An Nahtkreuzungen. 1)** Sobald sich bei Annäherung an die Nahtkreuzung das vordere Ende des Nähfußes zu heben beginnt, den Abstandhalter zum Ausgleich unter das hintere Ende des Nähfußes schieben.

2) Sobald sich das vordere Ende des Nähfußes wieder absenkt, den Abstandhalter vor die Quernaht legen und erst entfernen, wenn der gesamte Nähfuß auf dem Abstandhalter aufliegt.

# Stofflagen ohne Stecknadeln zusammenhalten

Manche Stoffe sind so dick, so steif oder so grob strukturiert, daß Stecknadeln einfach keinen Halt finden, während bei Leder oder Lackstoffen wiederum jeder Nadeleinstich unauslöschliche Spuren hinterläßt. In solchen Fällen können Sie die Stecknadeln durch Büro- und Wäscheklammern, Clipboard-Klemmen oder auch durch Tesafilm ersetzen.

Aber genau wie bei den Stecknadeln müssen diese Hilfsmittel jeweils rechtzeitig entfernt werden.

## Stofflagen ohne Stecknadeln zusammenhalten

**Clipboard-Klemmen** halten auch dichtgewebte, schwere und sehr dicke Stoffe sicher „im Griff".

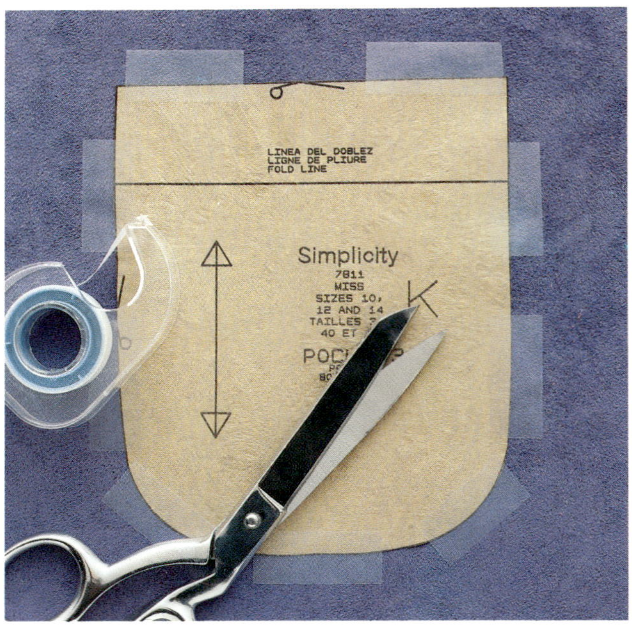


**Tesafilm** ist ideal für alle Materialien, in denen Stecknadeln dauerhafte Löcher hinterlassen. In diesem Fall sollten jedoch alle Stofflagen einzeln zugeschnitten werden.

# Spitzeneinsätze

Erlesene Spitzen sind zarte, filigrane Schönheiten, die selbst den simpelsten Dingen einen Hauch von Anmut und Eleganz verleihen. Dabei sind Spitzenstoffe leicht zu verarbeiten und fransen auch nicht, so daß man sich in vielen Fällen das Versäubern der Schnittkanten und Nahtzugaben ersparen kann. In mehreren Lagen übereinander verarbeitet, ergeben Spitzen duftige Besätze, Rüschen und Volants für Kleider, Blusen und Röcke. Und bei geschickter Stoffauflage lassen sich eingewebte Bogenkanten als fertige Saumabschlüsse für Röcke und Ärmel nutzen.

Eingesetzt (wie auf dem Foto rechts) beziehen Spitzen ihre Wirkung vor allem aus der duftigen Transparenz des Materials, die zusammen mit einfarbigen Stoffen wie Crêpe, Wäschejersey, Satin oder feinem Leinen am besten zur Geltung kommt. Mit der hier gezeigten Technik lassen sich auch aus Spitzenstoffen ausgeschnittene Einzelmotive zu Einsätzen verarbeiten.

## Eine Spitzenborte einsetzen

1) **Spitzenborten** lassen sich am besten einsetzen, solange die Nähte noch offen sind und der Stoff flachgelegt werden kann. Die Borte von rechts mittig auf die Markierung stecken oder heften.

2) **Die Borte** mit kleinen Gerad- oder schmalen Zickzackstichen knappkantig aufsteppen. Der Oberfaden sollte der Farbe der Borte, der Unterfaden der des Stoffes entsprechen. Die Nähte von links bügeln.

3) **Den Stoff** ca. 5 mm von den Nähten entfernt mit einer kleinen, scharfen Schere vorsichtig unter der Spitze herausschneiden. Die Nahtzugaben zur Seite umbügeln und die Brüche knappkantig absteppen.

# Register